# 真 知 卓 践

## ——安徽大学(国家级)实验教学示范中心成果汇编

真知创新中心组　编

吕　萌　主　编

岳　山　副主编

合肥工业大学出版社

# 序

随着互联网技术的发展，新媒体涌现，传统媒体及媒体人的转型成为必然。真知网也顺势从原有的网站、论坛转向新媒体阵地进发，2010年与新浪微博合作成立了安徽大学学生微博协会，占据省内高校新媒体的宣传高地；真知网的发展模式也更加多元化，真知团队在微博、微信、腾讯视频、优酷视频网站上创建真知网账号，形成了真知传媒矩阵。"真知"逐渐成为校园群体所熟知的高校媒体品牌，获得了兄弟高校和各合作方的认可，尤其为安徽大学等高校的新闻传播实验教学提供示范经验。

真知12年的发展可圈可点，总结如下：

首先是传承。"薪火相传，生生不息"。真知自创立以来，历届团队负责人以身作则，手把手教帮团队成员。每个成员从刚接触时的青涩到独当一面，不仅体现"师徒"之间业务交流传承，更是认真负责、不计回报的文化精神发扬光大。

其次是温暖。"结交在相知，骨肉何必求"。迷茫不适的新生，被真知的轻松自在慢慢消解初入大学的手足无措：包饺子过元旦、选题头脑风暴、节日送祝福……相互温暖关怀，正是一个个真知人实习期满选择留任的理由。四季轮转，回廊转角处，那间属于真知人的317

房间总是遮风挡雨的家的港湾。每年的栀子花季如期而至，每一届"真知棒"们，也始终被一个叫"真知"的地方纽带联结，温暖彼此。

最后是团队。"众人齐心，其利断金"。团队合作是真知迅速成长的关键之一。自2017年起，真知顺应媒体融合趋势，将运营、融媒体和视觉中心三大部门合并于真知网后，部门合作更加紧密，资源互通效率更高，承办活动协调有序，各方面效益趋向最大化。

学生自主管理中心从2009年建立，至今已经历了12年磨炼，真知的媒体品牌也在这12年中逐渐展现光彩，一届届真知人见证着其蜕变。为了一篇稿件、一段视频的细节，真知成员们曾经辩论甚至争执，同样也为收获的成果而一同庆祝欢笑；在这12年间，真知人有成功也曾受挫。这些都成为真知团队成长过程中最宝贵的财富，真知人曾经流过的泪水也成为最甜的记忆。

在庆贺真知创立10周年的重要节点，真知团队开始策划此书以作纪念：一为整理真知成员的创作成果，记录真知的成长历程，为真知历届成员留下温暖的回忆；二则希望借此书的出版为真知运行凝练精神华彩，将真知人勇于突破、勤于实践的精神传承下去，期待未来的10年、20年真知能有更好发展。

一路走来，真知各项活动的开展与近年来的快速提升都离不开各界业师的鼎力相助！感谢院系领导和新闻传播实验教学中心老师们的关爱——芮必峰老院长、姜红院长、李军书记对真知团队工作关心，吕萌主任一直支持和领导，岳山老师自真知团队建立以来倾力指导、付出和10多年陪伴，新闻传播实验教学中心的刘春凤、潘扬、李小军、饶伟、王艳芳等老师的无偿帮助和付出等等。

2021 年 4 月

**真知棒** 于安徽大学磬苑校区

# 目　录

# 第一章 真知简介

## 第一节 创建背景

在新闻传播教育创新改革的大背景下，2001 年安徽大学新闻传播实验教学中心正式成立。但是，新闻传播实验教学中心成立之后缺乏专职管理人员，实验室如何提高开放效率来满足学生的实践需求成为亟须解决的问题；并且，学生进行专业实践的媒体平台大多靠近市中心，离新校区地理位置相距较远，外出实习一时成为难题。

针对以上问题，学院对当时的学院网站管理团队重新整合，决定在新闻传播实验教学中心下成立学生自主管理中心。2008 年，安徽大学国家级（传媒类）实验教学中心实行学生自主管理的新型教学模式，并基于院网站的建设与维护进行了自主管理模式的试运行。2009 年 11 月 11 日，安徽省首家传媒类实验教学学生自主管理中心——安徽大学新闻传播实验教学中心学生自主管理中心正式挂牌成立，隶属于国家级（传媒类）实验教学示范中心——安徽大学新闻传播实验教学中心。2018 年，根据职能变化，原学生自主管理中心改名为真知创新中心（后文均称为真知创新中心）。学生自主管理中心的成立积极响应了教育部"三自教育"的号召，旨在利用课余时间，培养学生自我管理、自我教育及自我服务意识；成立之初由老师带领研究生和本科生团队，制定规章制度，设计中心 LOGO 等，由内向外逐渐形成以学生管理为主辅以教师指导的管理体系。这样，通过将部分管理权限交给学生，既方便辅助老师的教学管理，提高了实验室的利用效率；又为学生提供了自由的创作环境和专业的实践平台，做到真正的学生"自主管理"。

接着学生自主管理中心搭建了面向全国新闻传播类学生的资讯实践平台——"真知网"（www. zhenzhi. org. 后改为 zhen. ahu. edu. cn），以提供传媒资讯、增加新闻传播类专业学子交流、增强学生媒介实践能力为宗旨。

图 1.1-1　2009 年 11 月 11 日学生自主管理中心成立合影

图 1.1-2　学生自主管理中心成立大会

　　真知网是一个完全由学生自主管理的平台网站,从内容、推广到技术维护,均由学生自己操作。网站工作人员以院学生自主管理中心成员为主,此外还有来自安徽大学其他专业及其他传媒类院校学生的加盟。

　　网站极其重视规范化运作和成员能力的培养,搭建校企合作的桥梁。同时,网站定期举办户外素质拓展、多媒体编辑技术、网络应用等多种多样的培训。

　　(说明:安徽大学新闻传播实验教学中心学生自主管理中心暨真知网、真知创新中心以及后文中的真知、自管、自管中心均指原学生自主管理中心,"真知棒"是学生自主管理中心学生对自己群体的昵称。)

图 1.1-3　真知网创建页面

# 第二节 发展历程

自 2009 年 11 月 11 日创办至今，真知网已走过了 12 个年头，成为学生自主管理中心打造的品牌实践平台之一。真知创新中心也已经从当初功能单一的网站升级为数百甚至上千传媒学子的综合矩阵实践平台。

10 多年里，真知网不断调整组织架构以适应时代的发展：从最初的层级化管理，到以安徽大学学生微博协会和真知网两大板块为阵地，再到推出传媒百科，增加微信、微博、头条、B 站等平台，以及 2017 年开始着手创建 AR 实验室、筹划真知学堂，试图搭建一座连接学校和企业等的桥梁。其发展过程中，真知网的成员也由最初的几十人，发展为每年新增 100 多人的团体组织。

以下是学生自主管理中心 10 多年的历史变迁。

## 一、2009—2010 年架构

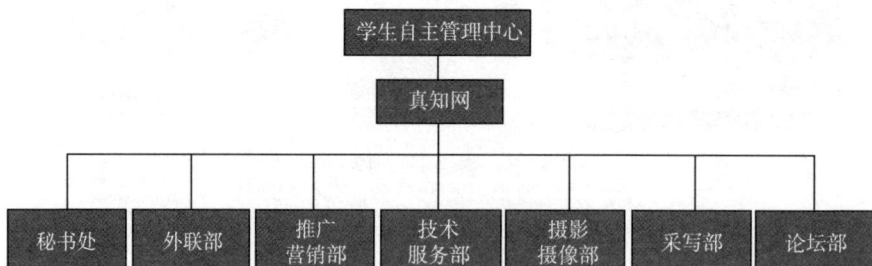

图 1.2-1 真知中心组织架构变动图（1）

注：此时间段学生自主管理中心下设主任一名、主任助理及副主任多名，单一品牌，以平行架构为主。

## 二、2011—2012 年架构

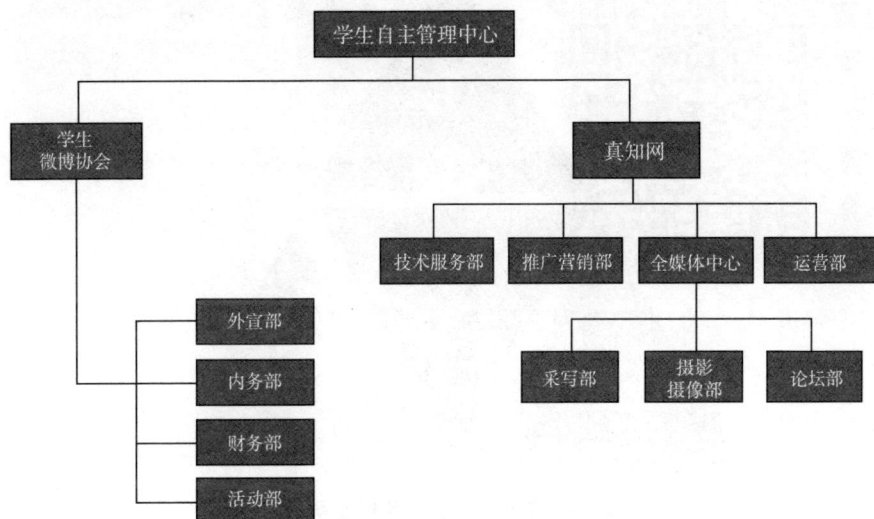

图 1.2-2　真知中心组织架构变动图（2）

图 1.2-3　真知中心组织架构变动图（3）

注：学生自主管理中心于 2011 年与新浪安徽签订协议，成立安徽大学学生微博协会，并以此架构进行运营。真知网也进行了部门整合，成立全媒体中心，开始试水全媒体采编运营。

## 三、2013—2016 年架构

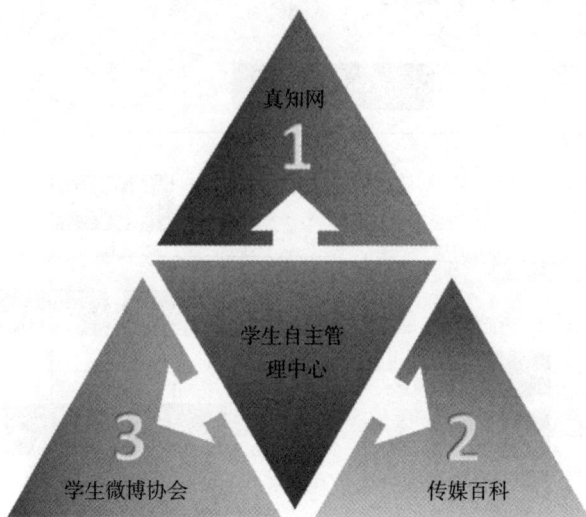

图 1.2-4　真知中心组织架构变动图（4）

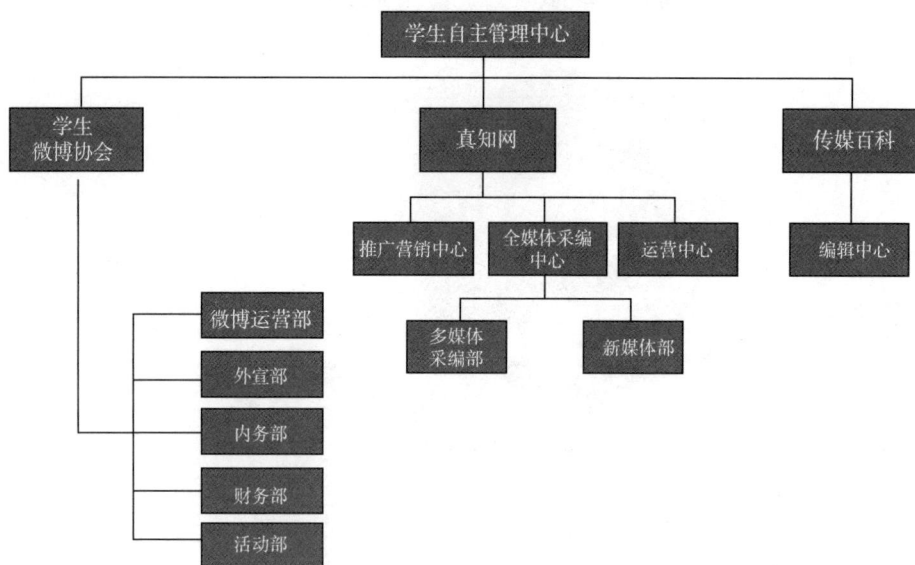

图 1.2-5　真知中心组织架构变动图（5）

　　注：2012 年下半年，自主管理中心利用 3 周年契机，将三大品牌适时同步推出，齐头并进，真知网系其中以网站运营为主导的媒体中心。

## 四、2017—2018 年架构

2017 年，自管中心将微博协会、传媒百科合并入真知网。

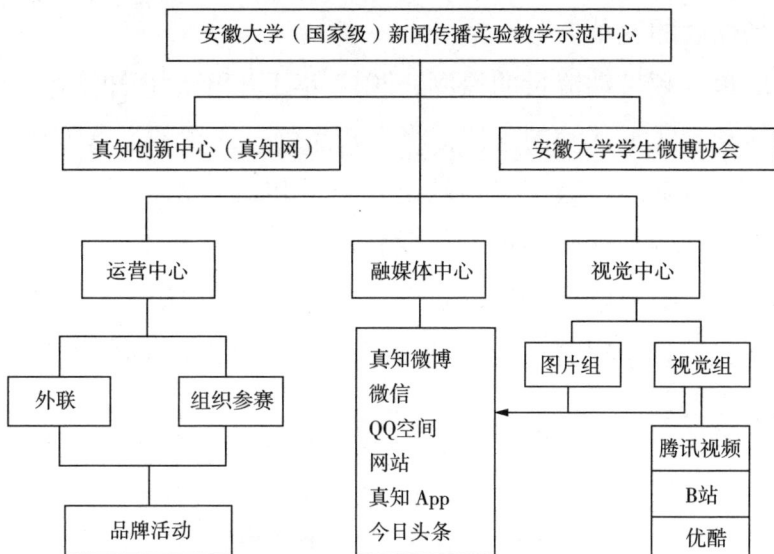

图 1.2-6　真知中心组织架构变动图（6）

　　同时，自管中心进行了部门整合，由以往的 5 个部门合并为 3 个部门：融媒体中心、视觉中心、运营中心；秘书部隶属运营中心，由各个部门抽一人兼职。部门架构也进行了一定程度的调整：在学生自主管理的架构下，设主任一名，多由新闻传播学院研究生担任，负责自主管理中心相关事务的协调；副主任多名，由本科生担任，负责真知网、学生微博协会等品牌的日常运营。

　　自管中心延续以往优良工作作风，同时顺应媒介融合的发展趋势，积极创新实践形式，力图打造"中央厨房"式全媒体实践平台，吸纳更多有才学、有前瞻性的媒介人才。

　　10 年多的时间，自管中心完成了组织架构从无到有、旗下品牌从一到多的蜕变，逐步明确了各部门的方向和各成员的工作职责，显示出参与学生强大的自主性。

2018 年 9 月，由于真知网的壮大和发展以及国家媒介融合的趋势，真知网改为"真知创新中心"，实现了新一轮的转型。

这一年，真知的变革推动力是由外而内，但实质上是由内而外进行的一场彻底的变革。

顺应短视频带动流量的风潮，2017 年下半年，真知开始了从传统的线下活动到线上活动的延伸，将真知品牌打入视频运营阵地。

自此，各部门打破了以往缺乏沟通的传统，积极进行合作，走向深度融合，与各平台联手推行优质核心内容的再加工、多平台分发的全媒体模式，上下联动，各级分工，职责明确，组织纪律性得到提高，规章制度建立日趋完善，资源利用率趋向最大化，推动学生自主管理中心向前发展。

## 第三节　真知平台

真知实践平台是由学生自主管理中心演变而来，经过一系列组织架构的调整成为如今的真知网品牌系列矩阵。早期真知网主要是进行网站维护，协助安徽大学新闻传播实验室的管理，设置一些勤工助学岗位，提供给学生锻炼的机会。

现今，真知平台拥有三大部门：融媒体中心（含微信部、微博部、采写部）、视觉中心、运营中心。

### 一、真知创新中心简介

真知创新中心是一个面向全国大学生和传媒爱好者的传媒类资讯平台，拥有实践平台多个，其中有 QQ 空间、微信公众号、B 站、微博、App、今日头条、腾讯、AR 实验室等。目前进行的日常工作如下：腾讯视频《尼玛真有料》《尼玛真能说》；今日头条、微信与微博的日常运营；App 的建立与打造；内容的编辑与分发；真知学堂活动开展等。计划进驻更多自媒体平台，如网易、贴吧、知乎、UC、企鹅、抖音等。校外媒体和学生平台方面，重点投入的项目有 AR 传媒实验室以及航拍的应用等。

## 二、各部门具体简介

### （一）融媒体中心微信部

微信部目前负责的是微信公众号的推文以及今日头条的发布工作。

图 1.3 - 1　微信部发布的二维码

微信部固定栏目是每周一、三、五、日推送文章，主要发布内容定位为传媒类资讯，紧跟社会热点事件与最新传媒动态，发布最新、最全的信息资讯。同学们在此平台可以锻炼自己的选题、采写、排版、发布、运营等新媒体技能，实践更加具有针对性。

## （二）融媒体中心微博部暨"安徽大学微博协会"

微博部负责运营安徽大学微博协会、真知网两个账号。

图1.3-2　安徽大学微博协会和真知微博 logo

安徽大学微博协会是由安徽大学新闻传播学院实验教学中心与新浪微博共同发起成立的校园学生组织。

微博部围绕安徽大学的新闻动态进行新闻信息采集发布，关注安徽大学的日常事务以及动态。微博部为学生提供微博发布的平台，微博动态既是学生了解校园事务的信息平台，也成为安徽大学的一个对外宣传窗口。

微博部的更新频率为每周 7 条主题微博，每天 3 条相关日常微博，并紧跟社会热点发布相关动态。

真知网微博与安徽大学微博的粉丝关注量涉及的群体比较广，至 2020 年 12 月 31 日，"安徽大学学生微博协会"粉丝量达 16000 人次，"真知网"微博粉丝近 10000 人。粉丝既有全国高校学生，也有传媒业界人士，更多的是安徽大学的在读学生和毕业校友。浏览量达 7.15 万次。

### （三）视觉中心

视觉中心以制作视频节目以及为其他各平台提供优质图片为主要工作内容。在视觉中心，学生可以学习实地拍摄、采访、剪辑以及节目制作、图片处理等软件，制作出属于现代大学生自己的节目。视觉中心丰富的创意和实践能力，让它成为真知最具有特色的平台之一。

### （四）采编部

采编部较其他平台来说，更具备传统媒体采写编评的特色。采编部根植于采访，发现和探究问题，解决大学生的日常困扰；同时为学生提供采访机会，拟定采访对象确定采访提纲，润色稿件，都由学生相互交流，共同努力完成。

### （五）运营中心

运营中心作为真知创新中心的"龙首"，制定策划了诸多大型活动，如崔万志"以梦为马，创业有成"的策划以及"真知学堂"策划书等。

运营中心安排各个平台发布的节奏，沟通和衔接各个环节的工作，可谓是每次都和"细节""创意"较真的团队；同时，还负责线下活动策划及现场执行。

运营中心为学生提供从事大型活动策划的学习机会和实践能力，通过众人头脑风暴以及小组间的合作，培养学生的能动性和创造性；同时通过和其他企业与校媒的合作，也扩展真知的影响力。

## 三、独具特色的管理模式

为贯彻教育部"自觉、自主、自为"的三自方针，真知创新中心采用"研究生+本科生"综合管理的新模式。

真知创新中心贯彻"自觉"方针。从内容创作到团队管理，学生自觉执行管理标准，自觉创作平台内容和运行实验中心设备。

真知创新中心贯彻"自主"方针。创设自由活动实验中心，激发团队各部门力量，激活个体实践创新动力，自主探索，培养自我管理和自我学习能力。

真知创新中心贯彻"自为"方针。学生在活动策划、品牌营销以及内容创作和推广方面充分发挥积极性、主动性和创造性，定期召开部门会议，自我总结，自我提升。

# 第二章 真知文化

## 第一节 真知标识

### 一、真知网 LOGO 1.0 版

图 2.1-1 真知网 LOGO 1.0 版

真知网标识主要分为左右两个部分。

左侧为字母"G"与"K"的变体，代表着"Genuine

Knowledge"，即"真知"的英文缩写。两个字母上端连为一体，密不可分，寓意我们"求知"更要"求真"。其中，字母"G"看似复杂、连续无尽，实际上是莫比乌斯环的"衍体"，象征着追求真相的孜孜热情。延伸的末端为一个向上指引的箭头，不仅寓意着真知网这一充满着新鲜血液的平台欣欣向荣、扶摇直上的发展前景，更表明平台会始终如一地为学子们指引前进的方向；同时，箭头也是鼠标指针的变形，代表我们对接网络、链接全球的实践方式。

右侧为三行文字结合而成，从上至下、由大渐小分别为"真知网""ZHENZHI. ORG"（现改为 zhenzhi. ahu. edu. cn）"传媒学子第一实践平台"，囊括了真知平台的名称、网址和定位，一目了然，又主次分明。

标识色彩以蓝色为主："理智、冷静、沉稳、深邃，是我们看待事物的态度。"不同色彩度的蓝色组合渐变具有分明的层次性，既喻示未来与科技的交融，又指示我们在实践中要由浅及深，由表入里；同时蓝色也是大海和天空的颜色，辽阔、大气，真知网像大海一样汇流百川，像天空一样静候万物。

## 二、真知网 LOGO 2. 0 版

图 2.1－2 真知网 LOGO 2.0 版

真知网 LOGO 2.0 版是对"真知"二字进行了艺术加工，削减合并、化繁为简形成的一体化图标——向着简约、移动端迁移。

标识直接对"真知"二字进行艺术化变体，最终设计效果方中有圆、曲直得当，代表我们平允公正的视角和灵活柔滑的思维方式；另外，"真"字带目，"知"字含口，意味着真知人不仅客观真实地观察大千世界，也将冷静的解析付诸纸笔。

第二代标识保留了". ORG"文字，便于用户明了快捷地找到真知网平台；但对其进行了明显的改小设计，置于整体图标的右下角作为点缀，丰富层次的同时也更突出主体。

色彩上延续经典的蓝色渐变，代表我们一向坚持、贯彻始终的理智态度。

### 三、真知网 LOGO 3.0 版

相较第二代而言，增加蓝色渐变圆球状立体外围，不仅进一步贴合移动端的应用图标显示，也强调网络新时代真知网实践的全球视角。右上的变形窗口图案更突出真知是一个视野开阔的平台，小小的窗户包罗万象，学子们透过这里可以更清晰地窥探到丰富多彩的世界。

图 2.1－3　真知网
LOGO 3.0 版

色彩仍保持真知一贯的代表色"纯净蓝"，标识正中心的"真知"二字为配合背景颜色的改动，也变更为更精练美观的白色，通透又代表着正直中立，带有当下大受欢迎的极简风格。图标整体配色和谐，最具纯净性质的蓝白二色相得益彰，给人以视觉上的舒适感。

求真知是沉稳冷静。真知一直在变，也一直不变。

# 第二节　真知故事

## 一、回顾寄语

### （一）指导老师寄语

真知在发展路上遇到了新的瓶颈，指导老师岳山于是写了一封致全体真知成员公开信，鼓励同学们勇于面对挑战，勇于自我变革。

亲爱的真知创新中心的同学们：

新年好！

祝同学们在新的一年里，学习进步，身体健康。希望你们在这个团队中能够获得快乐，得到成长和进步，能够在以后的日子中，时常想起我们在这个组织中，每一次熬夜工作的辛苦付出，每一次例会的激烈讨论，以及每一次的进步和每一次成功后伙伴脸上的笑脸。

在新媒体发展的大环境下，我们面临着机遇与挑战，因此我们必须重新组织调整我们的部门，建立起适合我们发展的组织架构，让我们这个实践型组织在进行媒介内容生产的同时又能兼顾每个同学的能力提升。

去年，同学们可能感受到了平台的不合理性带来的各种问题。原有体系已经阻碍了我们的内容生产和传播能力提升，不改革，是没有出路的。面对这些问题，我们要积极想办法解决。我们是一个学习型的学生组织，也是一个实践型的学生组织，更是敢于自我批评并且勇于尝试新形式的组织，我们需要保持前进的勇气。在传媒生态发生巨大变革的时代背景下，原有的组织已经不能够满足现有的需要了，我们必须要进行组织架构的改革。改革必将带来习惯的改变。但我相信同学们都是乐于并且勇于接受挑战的"真知棒"。

新的一年当中，我们将迎来新同学，我们需要张开双手欢迎他们。他们是自管大家庭的一分子，是我们的好伙伴，好老师。我想他们的加入会给我们整个组织带来新活力，能让我们的内容生产得到提升，让同学们的创造性和积极性得到提升，同时也让我们在这个团队的综合能力获得提升。

在这次组织部门改革中，我首先想对同学们提出两个希望：

一是希望每一个同学都会成为这次改革的受益者。此次改革，要求每一位同学在内容生产方面要有长远的规划能力，能够协调你的团队成员，能够组织策划生产内容、传播内容，协调各个团队，配合中心活动。你需要去观察你负责主持的内容生产发布过程中出现的各种问题并积极思考。今后的部门负责人将采取应聘机制，不管你是哪个年级的同学，只有你有能力都可以参与。改革后的部门负责人将承担更多的行政方面的工作，是一个需要为各个成员服务的角色，更多地承担沟通协调、记录、组织配合、监督的工作。而具体的业务工作则由每一个团队中的同学轮流负责组织协调。相同的平行部门将会进行评比和竞争，我希望这种竞争能够激发同学们的热情。

二是希望同学们真心爱这个团队。改革是为了能让同学们各方面能力都有很好的提升。但改革不可能是一帆风顺的，我们会遇到各种各样的困难，这就需要靠同学们的智慧去解决，去提出更好更合理的方案。自管中心是大家的，这个组织的好坏都是每一个同学努力工作的结果。学生自主管理中心是新闻传播学院国家级实验教学示范中心搭建的一个实践平台，目的是让同学们在这个平台当中，去获得，去体验，去提升。我希望每一个同学能找到自己的位置，找到自己的不足，找到自己的优势，能更好地和同学去合作，更好地与师兄师姐们去沟通，更好地和老师去交流，努力地提升每个人的专业素养和人格魅力。我坚信，我们选择的这条道路是正确的，是符合现在媒介发展趋势的。

希望每个同学都能够获益，希望同学们提出好的建议设想和规划，只要是对同学有益的事情，我都会支持你们！我希望同学们放手大胆地去实践，去践行你们自己的理想；希望同学们能够将自管中心建成人人都向往的一个实践平台。加油吧，同学们！

学院和学校的老师和领导给了我们很多自主发展的空间，给我们足够的宽容度。我们真的要感谢这个多元开放时代，给我们这样的一种机会，让我们共同成长；我也在和同学们交往中学习到了很多的新知识。在新的一年中让我们一起加油吧！让我们给每天努力的自己点赞！

真知创新中心指导老师：岳山

2017 年 12 月

### （二）创始学生主任寄语

我是严密，2009 年和一群志同道合的小伙伴一起筹划创立了真知网。前几天，岳老师给我发了一条微信，说是写一篇回顾真知创建的回忆文章，谈谈当年组建时遇到的挫折和困难。正好碰上单位整理档案最忙的时节，回家照顾孩子又心力交瘁，一时间竟然把这么重要的"任务"给忘记了。入夜，静心回想，弹指一挥间，已过 10 年，比起"三十而立"的匆忙与压力，真知的成立有辛苦和挫折……但凡一件事情，有梦想、有目标，还有同行者相伴左右，便有了盼头，是苦也成了甜。真知就是给予我最好年华的最珍贵的礼物，回忆起来都是满满的幸福。

2009 年 11 月 11 日是个热闹的日子，安徽大学新闻传播实验教学中心学生自主管理中心和真知网也在 2009 年的这一天成立，而我已经在安徽大学第 5 年了。新闻传播学是一门实践学科，哪怕理论功底再扎实，也可能写出驴唇不对马嘴的新闻稿，更可能拍出难以入眼的视频。每到暑假，大家就动用各种"关系"挤破脑袋进入媒体实习，可如愿的总是少数，于是学生自主管理中心和真知网应势而生。学生自主管理中心是学生组织，真知网是媒体平台，它们成为安大新闻学子步入职场的桥梁。

　　想想10年前真是很酷，初生牛犊不怕虎的我们从做标志、建章程、立目标到承办全省校园歌手大赛、追踪学校各种热点新闻，在通往新闻人的道路上以梦为马、不负韶华。比起自由、大胆，充满创新、毅力的你们，实在难以厚着脸皮地分享经验，且年轻的错误也不失为一种美好。你们实在幸运，多少学生社团因为人员的更迭失去色彩，而岳老师一直伴随左右，也请你们好好珍惜。

　　多希望现在睁开眼睛时，我迷糊地躺在317室的沙发上，岳老师喊着"严密"从实验室跑来，一位脸庞白净的学妹盯着电脑正在呵呵笑……就业、家庭、孩子等只是一场持久而深入的梦，青春正当时。

真知第一届主任：严密

图 2.2-1　真知人员合影

## （三）"真知棒"寄语

# 寄给"真知棒"的话

各位真知棒们：

这封信已经换了四个开头了，这是第五个，我希望不要再被自己无情地删掉。不是因为没东西写，而是想说的话太多。很多话，在今天的例会上，我已经说给各位了，还有些话，我把放在了这封信里。

这封信不谈工作，抛开真知网以及中心纷繁复杂的事务，想说的东西很简单：我们该怎么样度过自己的大学四年。这个类似演讲的题目来自我同届的一个很优秀的兄弟人人网日志的最后一段，我愿意花费篇幅来全部摘下："2007年9月，爹妈陪着我穿过西门的白柱子，站在新闻传播学院的新生接待台前，排着队等待办理入学手续。时不时转头眺望竣工不久的文典阁，楼前的花坛还是一片泥土，没来得及铺上花草。看着眼前的一切人和一切物，我在期待着该如何与他们共同度过四年……"

如何度过四年？真知棒们估计都有考虑。这四年，我们这一届，刚刚度过，而关于"如何"，则有自己不同的理解；有的人拿了四年的奖学金，有的人玩了四年的魔兽世界，有的人结交了一大群朋友，有的人宅到只在毕业典礼上才露面。伤感的是：无论再怎么怀念的时光也只剩下怀念了。我不知道，在别人看来我的四年是否足够成功，我只知道，这四年是我最无忧无虑的四年，正如我经常说的：关于大学需要经历的一切，爱情、奖学金和充实的生活，我都拥有过并且一直拥有着。在我的印象里，这四年无论PM 2.5数值再怎么不堪入目，肥西这边的天空倒永远都是蓝的。

我不想说什么好好学习、天天向上的大道理。在我看来，如下的几件小事让我的四年足够回味并且回味无穷：

### 1. 每天给家里一个电话

是的，你没听错，是每天。如果说这四年我有什么兴趣爱好坚持下来的话，便是无论多忙都要给爸妈打个电话，有时就是几句类似于"晚上吃什么"的无营养对话，但这会让自己觉得没有离开家，没有离开爸妈，这并不会让你一个月的电话费有什么明显的变化，但会让这份最原始最珍贵的亲情保温。这是四年来我最自豪的事情。

### 2. 淘一辆破车，载喜欢的姑娘

这是一个看似平常却足够浪漫的事。本科时的自行车是在大三和朋友们一起去双岗买的，虽然是新的，但质量却不十分好，姑娘一边说着坐着屁股疼，一边坐满了与我在一起的这两年。在最没钱的年纪里，无须考虑现实或者不现实的未来，及时行乐或许有其幸福的地方。当然这并不代表你可以寻找多个喜欢的姑娘，安排在你的后座上，你要明白：一个以及唯一。

### 3. 和挚友们大醉一回

记得本科四年的很多夜晚都是在小马烧烤度过的，因为分量最大，啤酒最便宜，营业时间也最长。几个挚友无须什么特殊的理由，不在什么特殊的节日，就聚到了一起。抛开所谓的认真上自习，"注意身体"，大口吃肉大口喝酒，谈天谈地，聊美女聊八卦，掏心窝说话。微醺的时候大声嚷嚷说话也不怕，彻底醉了的时候便是一番酣畅淋漓，几个哥们勾肩搭背，歪歪倒倒地到处溜达。看到安青论坛上经常有人鄙视这种行为，我倒认为大学四年短暂，有这样真正开心的机会岂能错过？

### 4. 找到一个组织，找到一群志同道合的人

大学四年加入了不少组织，有些半途而废，有些哪怕现在都觉得怀念，团学新闻中心算是一个，在我们的那一届，没有什么惊天的贡

献，但大家在一起都很开心，每周日两个小时的委员会，其中聊天占了四分之三，至于吃吃喝喝聚餐什么的更是不计其数，在那里认识的朋友一直处到了现在。我始终认为：一起欢乐一起努力才是王道。哪怕对于现在的真知网，各位真知棒们，我也希望她足够温馨，足够团结，自己把她骂千百遍也不许外人骂她一遍，所以我真心希望各位是爱着真知，爱着彼此的，我们都会为此而努力。

### 5. 毕业旅行去一个很远的地方

如果说即将过去的 2011 年有什么值得怀念的地方，那我会说——西藏。2011 年 6 月，从原来 20 多人的大队伍，到最后上路的可怜的 3 个男人，因为西藏的山高水远以及只有硬座的客观条件，太多的人放弃了。感谢父母的支持，我们经历了两天两夜的"坐"火车之旅，看到了车窗外从刚开始的郁郁葱葱到西北的黄土高坡再到高原上的皑皑雪山，感受到了海拔高而带来的缺氧头疼，在拉萨差点买不到回来的火车票。这一切现在想来都会热血沸腾。当我们仨站在西藏天湖纳木错边，望着安静并清澈到底的湖水以及没有一丝尘埃的蓝天时，那种安静到只能听见自己灵魂呼吸的环境真的足够震慑心魄。如果说这四年，太多的时候太多的事情让你离不开身，那么在大四这个很无聊的季节，去一个在外人看来难度最大的地方，或许这样的毕业才会让你记忆终生；而与你同行的那些伙伴，就是你这辈子会一直忘不掉的人。

### 6. 为了一个目标，努力学习一次

无论你是否热爱学习，是否热衷学术，在大学四年静下来读点书始终不是坏事。大学四年或许只有最后一年的考研奋战会逼着你坐下来看书，是的，苦逼的考研！从国庆长假回来，我开始正式进入复习状态，当然相比其他学生来说，我落后太久了。每天按部就班地上自习、下自习，上课、下课，现在想来，那段日子过得最安稳也最充实。到了冲刺阶段，与朋友们一起每天早晨摸黑起床，站在博北结冰的天台上背单词，晚上又在寒风瑟瑟中回寝室。考试前一天的晚上，朋友

给大家每个人录了一小段 DV。现在看来，那时的我们，穿着臃肿的羽绒棉袄，头发蓬乱，双眼无神并且绝望。正如我在自习座位上留下的那句话：接下来的一辈子里，我或许再也不会回到这间教室这个座位，这段时光永远不会回来。

在每个人二十岁左右的四年，是人生中最无忧无虑的四年。泡自习室、宅寝室绝对不是大学的真正意义。以上的话都是我，作为一个不算成功但算幸福的学长对于这四年的定义。一直没写过什么毕业总结，就以这篇作为我迟到的毕业感言，也希望我的这四年能够给我正在经历四年的真知棒学弟学妹们带来一点新的灵感。

回归主题就是：中心以及真知网是属于大家的，是属于真知棒的，如同装真知棒的大桶，每个人都在里面。我希望，真知网快乐时，真知棒们在一起；真知网难过时，真知棒们在一起；真知网的真知棒们，他们的这四年，一直在一起。

真知棒——陈诺（第三任主任）

2011 年 12 月 19 日

## 二、10 周年团建活动

2018 年岁末，一学期即将结束，在圣诞节前夕，真知成员对本期工作做总结，开展真知年会活动。年会开始前，真知的小伙伴们一起去行知楼门前合影留念，记录下这美好的一刻，结束后大家一起去食堂包了饺子庆祝真知 10 周年。其间也有不少同学为我们展示了才艺表演，更有圣诞老人为同学们派发礼物，活跃了气氛的同时也增进了同学们的感情。

在行知楼 A310 的年会结束后，同学们一起去往桔园餐厅包饺子，庆祝真知十周年。大家一起包饺子，不仅锻炼了同学们的生活动手能力，而且也增进了同学们之间的感情，为以后的工作营造了和谐氛围。

图 2.2-2　2018 年真知网同学合影

图 2.2-3　圣诞老人发礼物

图 2.2-4　岳老师与同学们欢聚一堂

图 2.2-5　才艺展示

图 2.2－6　运营负责人发言　　　　图 2.2－7　视觉中心负责人发言

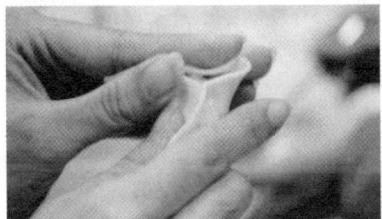

图 2.2－8　包饺子活动

## 三、真知之歌

凝聚团队，还有真知之歌，真知的"企业文化"谱在歌曲里，写在歌词里。求真知是续写真心。

### 一路上

打开相机，对准焦距

平衡光影，时间距离

玉树烛光影的呼应

世博中国红的定义

挥手浮沉，泪洒长襟

风雨无阻，续写真心

暴晒后心脏无法阻挡

风暴后，信仰迸发强光

一路上，东西南北脚步分秒不停

新闻现场台前后穿梭身影

真实采集，幸福我们开启

一路上，海纳百川博大心中把爱酝酿

一路上，心中梦想插翅随风飞翔

一路上，风光领略世间变换的沧桑

一路上，镜头记录无限风光

作词/作曲：王海涵

# 第三节 真知人物

## 一、真知历届主任

### （一）真知第一届主任——严密

2005 年 9 月入学，本科主修广告学，研究生传播学方向，2012 年
6 月毕业，现在安徽省原新闻出版广电局（现安徽省广播电视局）信
息中心工作。

**寄语**：当时跟岳老师一起发起真知组织的点点滴滴依然历历在目，

真知的经历对我们的帮助很多，创办后涌现了很多如今活跃在媒体、学校、公司一线的人才，大家也时常联系。现在我依然关注真知发的很多新闻和信息，感到欣慰的是，"90后"和"00后"的同学们比我们当初更加具有想象力和创造力，真知在你们的努力下已经越来越好了。在真知里，我提高了能力，经受了历练，更收获了师恩、友情和爱情。祝福你们也能收获这些，祝我们的真知生日快乐！

图2.3-1　真知第一届主任严密

## （二）真知第二届主任——晁圣林

2008年9月入学，本科广播电视新闻学专业，2012年毕业。现就职于安徽国贸集团。

图2.3-2　真知第二届主任晁圣林

**寄语：** 回忆，总是那么美好。真知的日子占了我大学生活的很大一部分，从参与真知组建，一起开展活动，努力为之奋斗，辛苦、收获、幸福统统都在其中。现在想想，离开真知已经有六七年了。好在，住在学校附近，偶尔还能回去看看。总能找到过去的自己，青春的同路人。现在的真知应该已经发展得更好，虽然已经不认识真知的学弟学妹，但我相信你们和我当时一样，是在做自己喜欢的事，自己认为有意义的事。能够想象得到，317每天还是会非常热闹，你们可能也经常和岳老师一起吃外卖，这都是幸福的。毕竟最美丽的时候，总拥有最美丽的心情。不管如何，祝愿真知越办越好，祝愿给予真知支持的老师永远年轻，祝愿学弟学妹能在真知收获知识、友情，当然也可以是爱情。

### （三）真知第三届主任——叶文丹

2008年9月入学，本科广播电视新闻学专业，研究生新闻学专业，2015年6月毕业。毕业至今一直从事房地产策划工作。

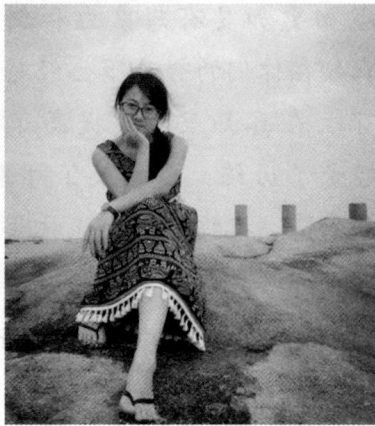

**寄语：** 虽然毕业已经有两年半的时间了，但是说起真知，依然就像家人般的亲切。从本科到研究生的七年时间里，见证着真知的发展。回首陪伴真知的岁月，

图2.3-3　真知第三届主任叶文丹

与其说我曾经为它做过什么，不如说它给予了我更多。真知、岳老师给了我们这群稚嫩青年们一个更好的成长平台，让我们把理论与实践真正结合了起来。

希望在今后的日子里，真知能够初心不改、砥砺前行，继续为更多的同学们提供平台和机会，真正地做到将理论与实践结合起来，与社会工作紧密接合。

### （四）真知第四届主任——陈诺

2007年9月入学，本科新闻学专业，研究生新闻学专业，2014年研究生毕业。现就职于新华通讯社安徽分社。

**寄语：** 毕业后，我常回学校看看，行知楼下是我的必经之路，曾经道旁的小树如今已有了参天的模样，小池塘边也郁郁葱葱起来。这

让我感慨万物生长的力量，犹如真知与我，学生时代的最后三年，与之结缘是我的荣幸。在这里，我遇到了一群最可爱的人，度过了一段最为美好的时光。我们共同经历过真知学堂从无到有、微博协会从无到有的过程，

图2.3-4 真知第四届主任陈诺

我记得每一个因为讨论选题而熬过的深夜，也记得第一份《鸣磬日报》打印出来时散发着的油墨香。我曾经为真知的四周年写过一篇纪念文，题目叫作《我们在秋天播种》。是啊，在一个注定充满着收获的秋天去播种梦想，便永远年轻，永远热泪盈眶。校园生活虽然渐行渐远，然而一份真知情、一份真知味心中永存，于是就更有理由去期待在这片土地上，越来越多的传媒学子能够吹响集结号，趁着手上的新闻理想还冒着热气，趁脚下的新闻之路才刚刚踏上，愿他们能秉持着真知人"基因"里的睿智与锐气，去关注，去倾听，去守望。

### （五）真知第五届主任——成方骏宇

2009年9月入学，本科广播电视新闻专业，研究生新闻与传播专业，2015年6月毕业，现在德国波鸿鲁尔大学语言班学习德语。

**寄语：**本硕6年，每当回忆在安大的时光，每一段记忆都和真知分不开，我和它彼此陪伴，见证彼此的进步与成长。自管中心、微博协会、真知网都是我人生的关键词。

图2.3-5 真知第五届主任成方骏宇

曾经思考过一个问题：作为一个

大学生组织，真知的价值在哪里？这个问题在我离开它之后才真正有了答案。经历了社会工作，我渐渐发觉，我所拥有的工作能力都是在真知中锻炼得到的，真知是一个学校学习与社会工作之间的桥梁，这座桥梁会让我们受益终生。现在的我正在走一条从前的自己根本不敢想象的道路，我享受着这条路上的风景并发现了一个更好的自己，而这一切都得益于真知给予我的勇敢、自信与乐观。虽然已经远离校园，但是现在依然保持着关注真知的习惯——时常会浏览真知网的最新消息、微博协会的最新微博。学弟学妹们把真知做得越来越出色，虽然不认识学弟学妹们，但是看着真知现在的模样，我就知道他们有多棒了。

无论在未来的哪一年、哪一天，我回想起真知都会是满怀感激与祝福。祝福它永远睿智又活力，帮助一届又一届的安大新闻人找到人生的方向。

### （六）真知第六届主任——李静

图 2.3-6　真知第六届主任李静

2010 年 9 月入学，本科新闻学专业，研究生传播学专业，2017 年 6 月毕业，现为淮北师范大学文学院新闻传播系教师。

**寄语：**回忆起真知的第一印象已经是 8 年前的事情了。无论是作为普通成员的那几年，还是后来作为主任的一年，在大学的时光里，都给我留下格外深刻的印象。

在大学这个人生的重要阶段，真知扮演着这样一个角色，让我们学习，让我们锻炼，让我们犯错，让我们失败，让我们成长。部长教会了我写稿子，岳老师带着我对真知进行了一次次的"改革"……每一个在317熬过的夜、开过的会、完成的事，都在后来变成了感动与回忆。以后的工作中，每当回忆起成长的案例，都离不开"真知"这两个字。

现在9年时间过去了，真知有了更齐全的设备、更先进的理念、更成熟的运营和更认真的同学，都在朝着一代又一代的自管人曾期待的方向前进。我们感到开心又自豪。这个时候脑海里好像看见了岳老师熟悉亲和的笑容。

谢谢你，让我们在这里有机会遇见更好的自己。也许很多人的责任心、兴趣爱好、业务能力等就是从这里启航，希望每一个真心付出的真知人能够走得更远。也祝福真知在下个10年、下下个10年越走越好。

### （七）真知第七届主任——李致君

2011年9月入学，本科新闻学专业，研究生新闻传播学专业。2018年6月毕业。现工作单位：融创中国安徽公司。

**寄语：**真知是一座桥，它连接着象牙塔与社会，连接着学生时代与职场时光，连接着"现在"与"未来"。在这里，我曾收获一个充满温暖的家，我曾拥有过一群志同道合的挚友和一段一起努力的时光，我曾遇到过困惑，也曾遇到过迷茫，走出校门才知，其实如此，才是生活真正的模样。感谢我与真知的相遇，让我在作为领导者的身份中脱去稚气，直面压力，勇敢成长。

真知在校园里是一个可贵的磨炼

图2.3-7 真知第七届主任李致君

成长的平台，一片珍贵的理想栽培田地。希望它能在一批又一批优秀真知人的接力下，坚持初心，永远保持着那蓬勃的朝气与勇往直前的灵魂，不断发展壮大，希望更多的学生能够在这里寻找到自己梦想的起点，从这里扬帆起航！

### （八）真知第八届主任——倪飞

2012年9月入学，本科编辑出版专业，研究生新闻传播学专业，现工作于深圳房地产评估中心。

**寄语：**对我们很重要的东西，我们都往往不在意，比如水，比如空气，仿佛它们的存在是天经地义，永远不会消失。直到旱灾，直到污染，我们才知道没有了它们，我们也活不下去。从没想过曾经环绕在我们周围的人或事物会离开，会改变。"当时只道是寻

图 2.3-8　真知第八届主任倪飞

常"，恐怕每一个人都曾经体会过吧！是的，曾经我以为在我身边的人会一直陪我走下去，但却总经历着相遇与别离。离别却让我如此舍不得，像失去了什么，再也无法捕捉到那种感觉，心里空荡荡的。一起走过了很长的一段路，路上给我的帮助，对我的呵护，我心存感恩。在真知一年多的时间里让我学会了独立思考，知道了互帮互助的重要性，于我而言也是人生的一大财富，教会了我如何成长。转眼便要离去，万般不舍涌上心头，只愿真知能越办越好，他日若有需要必尽力相助！

### （九）真知第九届主任——李婷

2013年9月在太原师范学院就读新闻传播专业本科，2017年9月在安徽大学就读新闻传播学专业硕士。

**寄语：**真知网从创办至今，承载着近10年安大传媒老师、学子的

心血。在这里，真知能创造自我，更能改变自我。与真知共成长，这于我，是一段很奇妙的缘分。我对真知网永远充满着某种信仰，希望它能更好，希望它能像钻石一样永远熠熠生辉。这种信仰其实自己也不知道到底是什么，可能源于感恩，感恩平台，感恩老师，感恩为真知同样悉心付出的优秀的学妹学弟们，和他们相处，从不缺故事，总会有感悟，也必将会成长；也可能源于自己对青春年华、美好理想的不懈追寻。

图 2.3-9　真知第九届主任李婷

恰逢真知 10 周年，10 年来自管致力于为传媒学子搭建学界与业界沟通的桥梁，以激发新时代大学生创造力，提高大学生的传媒能力、业务能力为目标，它，永远充满活力。我很幸运见到了 10 年中的真知，希望真知的精神不只是在我们的记忆里，更希望它能被更多的传媒学子传承，也希望真知能提供更加多元的平台，培养更多优秀的人才。未来，我希望遇见更好的真知，我希望遇见更好的自己。

### （十）真知第十届主任——史文婷

2013 年 9 月入学淮南师范学院新闻专业；2018 年 9 月入学安徽大学新闻与传播专业，2020 年 6 月毕业。现为安徽商贸职业技术学院辅导员。

**寄语：**感觉时间过得真的很快，一转眼我已经是研二的老学姐了，一只脚已经步入社会的大门。回想去年从李婷学姐手里接过真知这一棒的时候，仿佛

图 2.3-10　真知第十届主任史文婷

还是昨天的事情。真的很感谢岳老师能给我这个锻炼的机会，让我和大家一起头脑风暴，碰撞出思想的火花。

和真知的小伙伴们相处一年，发现大家都是很有想法的年轻人。每次有活动大家都是很积极去实施，遇到困难也是想办法去克服。印象比较深的是运动会前同学们积极发动各部门配合，找赞助商拉赞助，运动会开始后又顶着烈日去现场采访写稿子。新闻人不畏艰辛的精神在同学们的身上展现得淋漓尽致。

真知创办至今已历经 10 个春秋，在这 10 年里真知经历了几次改革，从学生自主管理中心到真知网及其下属部门的成立。真知一直都在努力探寻适合时代发展的最佳路径，身处信息科技时代，传播环境的改变让传媒人一直在思考如何做才能跟得上时代的步伐。就像孙玉胜在《十年》里所述"朝发夕至，路上十年"，在这个变化的社会，我们永远不可以停下前进的脚步。未来已来，唯变不变，真知永远在路上……

## 二、真知优秀成员

**陶坤**：安徽大学 2014 级新闻传播学院新闻学专业，辅修外语学院英语专业，2016—2017 年担任真知网新闻采编部主编，现就职于星火教育科技集团合肥分公司。

陶坤学长对真知的感情很深，虽然已经毕业一年，但仍旧难忘在真知的点点滴滴，在行知楼 317 的那段难忘而又美好的时光。学长在真知 10 周年之际写了一封信，其中满是对真知学子的寄语与期望。

图 2.3 - 11　真知优秀成员陶坤

## 写给真知的寄语

一晃离开真知有两年了，毕业也快一年了，踏出校门、步入职场后更加怀念大学时代的种种经历。这四年的大学时光里，真知占去了四分之三，在美好的大学回忆里留下了浓墨重彩的一笔。而这一笔，一写就是三年。

还记得那是2014年的9月份，我在行知楼一片昏暗的灯光里，怀着忐忑的心情走上了3楼去参加真知的面试，从此遇到了那个之后大学4年都经常遇到的数字——317。当时面试的场景历历在目，也许在这时就已经埋下了与真知结缘的伏笔。

当时的真知在众多校媒中奋力厮杀，也争得了一席之地，时任真知采编部部长的刘经宇学长带着我们采访、写稿、改稿，这位学长也给了我很多帮助以及提供了很多可供学习的经验，时至今日仍然很感谢他。

大一成为真知新闻采编部的人员，大二担任责编，到大三成为新闻采编部的主编，这其中经历了真知种种组织架构的改革。变革后的真知下设融媒体中心、视觉中心、运营中心，三大中心共同支撑起真知完整的运作流程，各部门团结协作也创作了很多优秀的新闻作品。

担任主编的这一年，有幸带着部门内近30位小伙伴共同学习、进步和成长，小伙伴们也非常给力，在2016年的下半年创造了真知浏览量的高峰，各个稿件都得到了广泛的传播，文章浏览量及粉丝数量都有很大的增长，随之而来的更是真知影响力的提升。真知在安大众多校媒中的地位也有了一定程度的提高，我们成为被人尊敬的对手，也有了不俗的表现。

不记得在317熬过了多少个通宵，不记得在317编辑了多少篇稿件，不记得在317开了多少次部门会，也不记得在317挥洒了多少汗水。在这里梦想与奋斗交织，理论和实践共鸣，相信每个进入真知的人都在这里有或多或少的收获，而这些必将成为我们宝贵的回忆。

听闻真知再次易名，而我更喜欢称呼它的还是"真知"两个字，这两个字于我而言不仅仅是一种经历，更是一种情感。在这里我成为十几个学弟学妹的"麻麻"，收获了珍贵的友情，更收获了宝贵的爱情。

祝愿真知越来越好，也希望学弟学妹们在这里能够收获到宝贵的实践经验。实践出真知，真知出真理。祝愿真知越来越好！

**李明洋**：曾任安徽大学学生自主管理中心采写部记者、摄影摄像部部长。现工作单位：江苏省广播电视总台（集团），历任江苏省广播电视台总台（集团）融媒体新闻中心《早安江苏》《新闻空间站》《江苏新时空》等栏目编辑记者。

图 2.3-12　真知优秀成员李明洋

以下是明洋学长的寄语：

### 难忘行知317——写在学生自主管理中心成立10周年之际

在台里机房编片子之际，突然收到岳老师的信息：自管中心成立10周年了，让我写一些对于自管的回忆和感悟。我欣然答应，但又不禁感慨，10年了，时间过得真快！

从2009年到2019年，10年的时间，我从校园走向社会，从懵懵懂懂的学生成长为一个职业媒体人，自管是伴随我成长的一个重要角色，而行知楼317则是我在安大最难忘的地方。

行知楼317是所有自管人经常学习和工作的地方，而我关于自管的回忆也大都发生在这个地方。在自管中心，我历任采写部记者、摄影摄像部部长。也正是在这里，我开始了自己对于媒体这个行业最初的实践。

媒体行业对于实践的要求比较高，而自管中心则为所有的传媒学子提供了一个很好的实践平台。在这里，我们可以释放我们对于传媒行业的最初热情，这里有良师益友，有实践机会，允许天马行空，允许犯错，现在看来，这里真是一片沃土，一片渴望学习、渴望成长的学生的沃土。在自管学习和成长的日子，依旧让毕业已经6年的我难以忘怀，那段时光充实而美好。

2011年暑假，我带队到宣城市进行暑期社会实践，主题是拍文房四宝。这次社会实践，算是我进入自管中心后，独立承担的最重要的一次实践活动。因为带领近10人的团队到外地，涉及吃住行等多方面问题，为了圆满完成这次实践，我也是做足了功课。从策划书开始就精心准备，凭借翔实的策划，我们的团队也被评为校重点团队，拿到了800块钱的实践补贴。

而为了让实践流程更加顺畅，防止意外情况的发生，5月底的时候便和团队中另一位同学一起去了宣城市踩点。踩点那晚，因为要赶凌晨4点多的火车，只得乘坐最后一班149公交车赶往火车站。还清楚地记得和同学为打发时间在网吧和候车室度过的一晚。因为充分的准备，这次实践活动圆满结束。

2012年7月，第5届中国大学生计算机设计大赛决赛在浙江传媒学院举行。赛前，自管中心动员参赛，得益于平日的实践锻炼，从平面设计到视频创作，同学们发挥创意，各显神通。依稀记得决赛那天，杭州骄阳似火，迈步在浙江传媒学院的校园里，我们自管中心师生一行10来人既激动又有些忐忑。为了这个比赛，我们不知道在317熬了多少夜，拍摄了多少素材，想出来又毙掉多少创意。带着作品来到杭州，既是对自己付出的一种肯定，也是对自管中心培养学生动手能力的一种肯定。最终，经过专家评审，我和同伴的作品获得了全国三等奖，一起去的好几个自管队伍也都收获颇丰。

在自管的几年，参加或组织了大大小小各种活动，完成了一项又一项工作。这里有老师指导，有同学鼓励，有伙伴合作。所有的活动和工作既丰富了自己的大学生活，也是给自己能力提升更多的锻炼机会。

尽管现在已经走上工作岗位，但在自管工作中学到的务实、坚持、创新、自信等品质依旧受用。10 年间，媒体环境发生了巨大变革，媒介载体推陈出新，作为信息的传播者，媒体人面临的压力和困惑与日俱增，各大媒体记者都在面临转型。努力将自己打造成复合型人才，全媒体记者只有适应媒体融合的大势未来才会有更强的竞争力。

10 年之际，我真诚地祝福正在自管的学弟学妹们，利用好每一次实践机会锻炼自己，也希望更多的传媒学子加入自管的大家庭，用自己的行动，为自己的青春添彩，为自己的人生加油。最后祝自管的大家长岳老师永远年轻，再一个 10 年还如今天的模样。

**夏明杰**：原学生自主管理中心视频部视觉总监，现任易车网原创内容中心编辑。

下面是夏学长给真知小伙伴们的寄语：

### 在自由的空间里寻找未来

在自主管理中心的日子，应该占据了我大学生活中一大半的记忆，而这段记忆的开始也不过是大二开学时同学的一句：你要不要来这一起耍。

图 2.3 - 13　真知优秀成员夏明杰

对于当时刚从学生会、班委会退下来无所事事、没有目标的我来说，当时做这个决定应该不超过 10 秒。而当我写下这篇文章时，已经是工作快 2 年了，我没想到，当初 10 秒钟不到做的决定，能够影响到我现在的工作，而和自管中心小伙伴们的友情，也许能延续一生。

刚进入自管时，这里给我最大的感觉是自由，这里有诸多的部门，这里有不同的媒介形式和不同的媒体平台，这里还有从大一"小鲜肉"到研一"老腊肉"的伙伴们，打一个比方，这里就像一个创客空间，已经提供给你诸多资源，而需要你做的仅仅是和伙伴们一起，在充分调动各种资源的同时完成自我成长。

所以，对于当时迷茫的我来说，这里有更多可能。当然了，在已经搭建好的自由环境中，还是需要自己去做更多的探索学习。

我已经记不得为什么选择了视频部，又因为种种原因，不到半年的时间里我成为视频组负责人，对于我来说，这充满挑战的工作也是我发展最快的时候。记得那时候，一下课基本上就扎进了自管中心，在这里学习视频剪辑、研究各种设备，夹带着参与网站后台改版、修电脑、培训等各种工作，在挑战中不断学习。我还记得，和学长一起拍摄自管中心成立5周年的宣传片时，我刚弄懂相机操作，在拿到一套现场导播设备需要完成网络在线直播任务时，我对从拍摄到传输到播出还一窍不通，但是经过努力完成后，这些又成为我大学中最自豪的事。

我非常清楚地记得那是一个大二的夏天，正在拍摄作业的我接到了学长的电话，因为会拍摄视频，让我去参加《中国青年报》举办的上海车展大学生记者团的活动。因为参加了这个活动，之前对汽车完全不了解的我开始去接触汽车圈，去开始写汽车新闻；又由于认识的这些人，我又来到了北京；直到现在，我在一家汽车垂直网站从事媒体工作。今天想来，我真的感谢在自管的日子，给了我学习成长的空间，也给我更多接触社会的机会。原来真的有可能因为某一个微小的决定对我的未来产生蝴蝶效应一样的影响。

当然，我和这里的伙伴们也积累下了深厚的友谊，作为自管中心的"大伙伴"，岳老师不仅以"男神"出名，更是七八年始终陪伴着自管中心，给每一位成员提供最多的资源和最好的平台。当然了，作为大BOSS，岳老师也不断地给我们制造各种"麻烦"，各种学校内的活动、项目、任务，岳"男神"总能给我们出其不意的惊喜，有时候也让我们焦头烂额。我仍然记得岳"男神"某天突然拿出一套上文中的导播设备，并告诉我不久后的活动需要多机位网络直播，当时的我是一脸茫然，完全没有任何经验，对整套网络直播流程完全不了解。还好岳老师没当甩手掌柜，要人脉给人脉，要买配件给买配件，给予了我极大的帮助，最终完成了安大第一次完全由学生主导的多机位网络直播。

当然还有诸多小伙伴们，我还记得每一次的校运动会，从前期拉赞助、多平台内容配合、现场物资展台准备，到运动会期间一起摆展台推广自管中心，拍摄图片视频，晚上熬夜一起出报纸、视频。这时候，平时颇为自由的自管，突然爆发出强大的凝聚力，大家一起从早上四五点到晚上通宵，连续两天半一起努力，虽然辛苦，但是和志同道合的小伙伴们一起为一件事努力的过程却是值得铭记的。这种志同道合也许会成为延续一生的友谊。

当最终毕业离开时，在自管中心获得的东西也一直陪伴着我；而我也更开心地看到，我自己在这里的努力能够被留下，把我的经验传递给学弟学妹们，让他们能够在这里获得更多的知识，能够有不一样的大学经历。当我看到学弟学妹们伴着自管中心做出更多成绩时，我突然有种真正毕业的感觉，这样的大学生活也许才更加圆满吧。

我也希望学生自主管理中心能够一直拥有自由的空间，给予更多的资源机会，让每一位小伙伴们能够在这样的环境中自由发展，去寻找自己的方向，有一个更为美好的大学生活。

人们时常会想，如果我选择了这个会得到什么，这种略带利益判断的想法在走入社会后往往是正常的思考方式。而在大学中，我很庆幸的是，有像学生自主管理中心这样一个地方，不涉及太多利益选择，能够有广阔的空间给你，在这样一个地方，接受挑战、埋头学习远比做选择更重要。

**成方骏宇**：2009 年 9 月入学，本科广播电视新闻专业，硕士新闻与传播专业，2015 年 6 月毕业。现在德国波鸿鲁尔大学学习德语。

图 2.3 - 14　真知优秀成员成方骏宇

## 每一段经历都是宝贵的财富

每段经历在经历的时候和回忆起来的感受是不一样的。经历的当下我们很难看到这件事对未来的自己所可能产生的影响。任何一段经历的价值只有在未知的将来才能被看到。

2013 年本科毕业，2015 年硕士毕业，距离毕业的时间并不太久，但对安大的 6 年时光，我已经有了好几番的回忆。每一次回忆起来，感受都不一样。但有一种情感是每一次回忆的主旋律。

回忆起安大的 6 年时光，我可以不用思考地回答出，在哪一间办公室我待得最久；在这间办公室，我和哪些人待在一起，又做了些什么。"317"是这间办公室的门牌号，大学之后，我一直把这 3 个数字作为我的幸运数字。因为"317"，我的安大 6 年变得有意义，在那里我认识了我至今还会定期相见的好朋友。我大学里学到的所有，几乎都是"317"带给我的。

"317"在我心中就是"安徽大学新闻传播实验教学中心学生自主

管理中心"的缩写。每次和别人聊起大学生活，我和"自管中心"的故事是我一定会说起的，每次的开篇都是这样——

"在我进安大的第三天，我就认识了自管中心，那个时候它还没有正式成立，我当时也不知道为啥要加入，只是听学姐描述了一下自管中心要做的事，我就立马来了兴致。"

我大学生活的开始基本就是自管中心的开始，我参与了真知网的开网仪式，主持了自管中心的揭牌仪式，参与了它的第一次运动会主题活动。我津津乐道的一件事——我是和自管中心一起成长的。

所以，对自管中心我有一种强烈的责任感和归属感。

我一直对自管中心有要求，就像对我自己有要求。我希望自管中心就是让新闻学生在其中做自己感兴趣的、有意义的专业上的事。所以我们在2010年运动会上第一次尝试做运动会期间的日报。赛事报道、人物专访、赛程预告，因为要做到很晚，所以每天都有巨大的工作量，采编、写作、排版、印刷。在那些天，每一个自管中心的同学基本都是在超负荷地工作，但是大家都是乐在其中，因为我们在做一件新闻学生该做的、擅长做的有意义的事，那也是我第一次感觉通宵办报是一件很酷的事。

在自管中心通宵工作的天数是数不清的。毕业后我也遇到过经常通宵加班的情况，但我每次都会感叹："为什么加班的感觉和当年在317通宵的感觉完全不一样呢？"因为在"317"通宵的日子都是在做自己感兴趣且觉得是有意义的事，即使没有人要求必须通宵，也会心甘情愿花一整晚的时间在"317"。就像2011年，参加大学生计算机设计大赛前，一遍又一遍地修改参赛的视频，不知不觉，就从日落到了日出。

"317"是我如今每次重回安大一定会去的地方，即使不进去，也会在楼下待一会。那里就像是我在安大的家，和宿舍一样让我安心温暖的地方。一起参加比赛的小伙伴，一起到无锡常州采风的小伙伴，他们都是我在安大认识的最可爱的人，还有自管中心的岳老师。

在学校的时候，并不能体会到老师对学生的包容。工作后，在工作中遇到了委屈时，会常常想起在自管中心时候的事。做错事、我行我素，我甚至曾经有一次对岳老师摔门而去。现在想起来，除了觉得自己任性，还会觉得温暖，走入社会，哪里还会遇到可以如此包容自己个性的人？

毕业后，我的人生经历丰富又破碎，身处的环境一直在变化，从房地产领域到博物馆设计领域，从中国到美国又到德国。可我觉得，身处的环境变化得越多，越能筛选出记忆中宝贵的东西。很多的人、很多的事来来去去，最后能被自己记下来的并不多。而自管中心和它带给我的一切，我都一直在心中珍藏。不管自己在任何地方，一想起那个词或者那3个数字，很多的回忆就会被唤起。

今年是我离开自管中心的第4年，现在的自己并不是世俗定义下的"优秀"或者"成功"。但我觉得现在的自己充满自信，对这个世界依旧保持好奇，对生活依然热爱，对未知很勇敢。而回忆起来，这些很多都是自管中心给予我的力量。它教导我要勇敢探索，并教会我如何探索。

此刻，德国的夜晚有风有雨，而我可以坐在椅子上，在记忆里找寻温暖的痕迹，真的是一件很幸福的事。

# 第三章　真知活动

## 第一节　真知实践

　　"真知创新中心"自成立后，举办了丰富多彩的媒体实践活动，比如真知学堂、校媒视频大赛、微博论坛，组织参加大学生计算机设计大赛、手机摄影大赛。真知成员也积极参与到各项实践活动中，投身于国家级和校级创新创业项目，例如：3G技术在影像传播中应用的调查研究、发掘手机媒体中的金矿——构建手机网页广告最优投放模型及网络平台、应急广播如何应急、微博对当代大学生的影响研究等。本部分将着重介绍这些实践活动。

### 一、中国大学生计算机设计大赛（2008—2020）

#### （一）大赛历史

　　"中国大学生计算机设计大赛"（下面简称"大赛"）的前身是"中国大学生（文科）计算机设计大赛"，始创于2008年，开始时参赛对象是当年在校文科类学生。自第三届开始，因理工类计算机教指委的参与，参赛对象发展到当年在校所有非计算机专业的本科生。至第五届，又因得到计算机类专业教指委的支持，参赛对象遍及当年在校所有专业的本科生。"大赛"每年举办一次，决赛时间在当年 7 月 20 日前后开始，直至 8 月下旬结束。

**（二）大赛实践**

安徽大学新闻传播实验中心真知创新中心组织成员组队参赛，通过比赛锻炼同学，并在历届大赛中取得了优异的成绩。

实验中心的各位指导老师积极指导各位参赛的成员，鼓励大家大胆创新、踊跃实践；在指导老师的建议下，真知创新中心的成员们进行了跨部门的组队合作，各尽其才，团队间积极合作、磨炼作品。

下面简要介绍部分获奖同学及其作品。

1. 2011 年文科计算机大赛获奖情况

2011 年 7 月 20—24 日，在西安隆重举办第四届全国文科计算机大赛决赛，我院共有 4 支代表队参加此次大赛，并获得好成绩。

2011 年 5 月—7 月，我校选拔了 8 支优秀的作品参与第四届文科计算机大赛的初赛，在网络匿名评审中，我校 7 部作品脱颖而出，是所有参赛学校中入围决赛作品数量最多的学校，最终 7 支队伍共计 17 名参赛选手在西安参加了计算机基础测试和计算机能力测试以及作品现场答辩。最终，程蕾和傅鹏两名同学的作品《低碳房产》获得（非专业组）二等奖，郑斯伟、陶丹丹和艺术学院朱红同学合作的作品《Low Carbon, or No Chance》获得（专业组）三等奖，张琪琪和周敏两名同学的《低碳城市，有氧生活》获得优胜奖，吴瑶瑶、殷苗苗和许婷婷三名同学的《生生不息》获得决赛入围奖。

2. 2012 年文科计算机大赛获奖情况

2012 年 7 月 23 日，2012 年（第五届）中国大学生计算机设计大赛杭州赛区落下比赛帷幕。据统计，入围杭州决赛现场的作品共计 227 件，参加院校共计 73 所，参赛人数达 533 人。本次决赛杭州赛区共分组 7 个，其中数字媒体设计类 6 个，计算机音乐创作类 1 个。比赛通过决赛答辩、基础知识测试、IC3 测试、决赛复审等环节，最终决出各大奖项。

图 3.1-1　《心跳》获奖证书

本次比赛中，由安徽大学新闻传播实验教学中心学生自主管理中心组队参赛的作品再创佳绩，三件入围决赛的作品分获二等奖一名、三等奖两名，其中 DV 影片《心跳》荣获数字媒体设计类（专业组）二等奖，DV 影片《乐活志》、电子杂志《五禽戏说》获得数字媒体设计类（专业组）三等奖。

3. 2013 年国赛获奖

新闻传播学院 2011 级赵梓岑、哲学系 2011 级陈岱、外语学院 2012 级董佳瑜三位同学的作品《中华·水》，新闻传播学院 2010 级胡冰冰、2011 级许贺、2010 级侯剑三位同学的作品《徽州水口》，新闻传播学院 2010 级乔媛媛、艺术学院 2010 级王佳玮、新闻传播学院 2010 级王健三位同学的作品《饮用水的前世今生》三件作品获得二等奖；新闻传播学院 2010 级王萧萧、于珂悦、高超三位同学的作品《爱"她"就请关住"她"》获得三等奖；新闻传播学院张俊、杜轩、余少峰三位同学的交互媒体设计作品《徽州建筑》获得数字媒体设计类中华民族文化组决赛二等奖；新闻传播学院杜轩、刘行、薛宇三位同学的图形图像设计作品《我，在这里》获得数字媒体设计类中华民族文化组决赛三等奖。

### 4. 2014 年国赛获奖

采编中心顾开贵等同学的视频作品《生于艾滋》获国赛二等奖，赵晴晴、兰雪、程莉同学的互动交互作品《望江挑花》获国赛二等奖；江晨晨、周久人、符如成同学的微课作品《城市的生命》获国赛三等奖，余少峰、杜轩、张俊同学的交互媒体作品《城逝》获国赛三等奖。

### 5. 2015 年国赛获奖

融媒体中心的吴雨婷、兰雪、程莉同学的微课《汉字的字体演变》获国赛二等奖；运营中心和融媒体中心的赵晴晴、马晓婧、朱笑妍同学的交互设计《山野之花——界首彩陶》获国赛二等奖；融媒体中心刘经宇、郑燕霞、杜轩同学的平面作品《寻找丝绸之路》获国赛三等奖。

### 6. 2016 年国赛获奖

微博部的葛水仙、运营中心年乐怡同学的作品《5.0》获国赛一等奖。

### 7. 2017 年国赛获奖

视觉中心的吴晶晶同学的作品《光与影——天鹅空气加湿器》获国赛一等奖。

### 8. 2018 年国赛获奖

真知视觉中心主任宋承坤同学参赛的《科学之旅——浮力与阿基米德原理》获国赛一等奖。

### 9. 2019 年国赛获奖

王馨瑶、徐雨欣、李雁翎同学的平面作品《进化论》获国赛三等奖。

10. 2020 年国赛获奖

王馨瑶、徐雨欣、李雁翎同学的平面作品《印鉴中国味》获国赛一等奖；吴思娴、夏雪晴、苏乐琪、路欣冉、王一芬同学的《鸟博士拯救之旅》获国赛三等奖。

## 二、"雅典娜杯"美菱官方微博 LOGO 设计大赛（2012）

图 3.1-2　"雅典娜杯" Logo 设计大赛

大多数学生组织都是公益性质的，虽然给学生提供了免费的实习与实践机会，但是也存在资源不足、实践机会不够的缺陷；所以真知创新中心选择与美菱官方微博合作，实现共赢，借助美菱平台的设计大赛，增加学生的实践经验。

真知创新中心利用安徽大学学生微博协会的微博平台进行比赛宣传；为了提高比赛的知名度，完成真知传媒矩阵此次合作的宣传任务，真知创新中心官方网站真知网也提供了广告位进行宣传并且开设了论坛专版宣传活动。

真知论坛的宣传主要集中在两点：一是开专门的讨论版块，供学生交流此次比赛；二是在作品征集完成后，开版块进行投票。

除了一些线上的宣传，真知创新中心也进行了线下的宣传工作，有关此次比赛的海报张贴在安大校内的四大海报张贴栏，同时成员们也在校园各食堂门口发放比赛的宣传单，做到线上线下相结合，力求宣传效果最大化。大赛组织者收到了多个优秀作品。

### 三、"智慧商贸"合肥高校微视频大赛（2013）

"智慧商贸"合肥大学生微视频大赛由安徽大学新闻传播学院真知网主办，安徽大学微博协会和安徽大学传媒百科协办，并与安徽广播电视学校、安徽大学江淮学院等院校合作，成为合肥市高校大学生微视频创作的比赛活动。

此次微视频大赛活动面向整个合肥市的大学生征集作品，安徽大学新闻传播实验教学中心学生自主管理中心（真知创新中心）创办此次活动，也是希望更多学生增加参赛的实践机会和经验。

此次微视频比赛的主题是：青春、信念、成熟。大赛宣传采取线上线下相结合的方式，充分发挥"真知"自身优势，拓展宣传渠道，征集更多更优质的作品。此外，真知中心与江淮学院、新华学院、合肥新东方建立了密切联系，影响力辐射整个安大及周边院校。此次宣传工作，真知传媒矩阵各平台之间相互合作、相互配合，采用真知网站首页+论坛+新浪微博+人人小站+人人主页+QQ空间+腾讯微博等七位一体的全方面宣传，让品牌形象深入人心，多部大赛作品获得专业人士高度评价。

### 四、徽州区实践活动

徽州区隶属于安徽省黄山市，地处黄山风景区南麓，是"古徽州"域名唯一传承地。徽州区是黄山市重要的工业基地、物流基地、休闲观光旅游接待基地、特色农产品生产加工基地和环境优良的城市新区。安徽大学新闻传播学院立足徽州区，围绕古徽州历史和人文特色，就徽州历史、徽州文化、徽州社会、徽州风情等一些课题开展新闻传播实践活动，从徽州区四镇三乡中的建筑、手工艺、茶文化、徽菜、农副产品等入手，对徽州区旅游文化资源展开调研，探寻新经济发展、合福高铁交通建设等现代性因素为当地资源开发带来的影响，并探索通过全媒体方式呈现徽文化的路径。真知创新中心实践团队对徽文化进行探索并对其进行宣传，努力促进徽文化的传承。以下为团队在实践期间整理并且进行宣传的徽文化资料。

邂逅 · 徽州航拍

两千年的时光浸染了这里的一草一木、一砖一瓦，山水相依，恰似一幅淡墨山水画，绘出悠悠徽韵，千年一梦。

我们从苍穹之上用目光探寻，探寻穿越千年的粉墙黛瓦、雕窗阁楼，恍若穿越岁月，多少前尘往事，就此萦绕心头。

图 3.1-3 邂逅·徽州航拍图

图 3.1-4　邂逅·徽河报

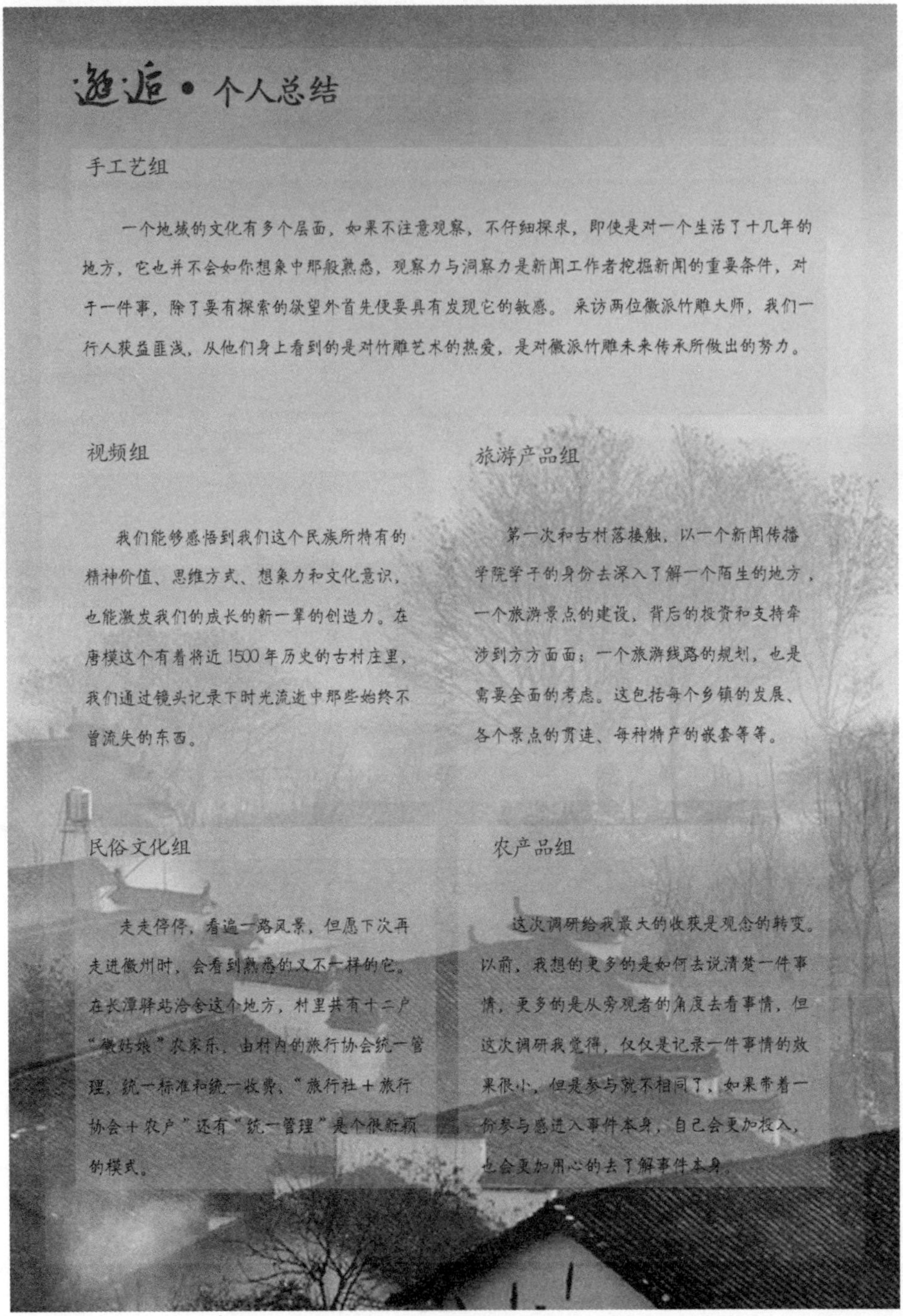

# 邂逅 • 个人总结

## 手工艺组

一个地域的文化有多个层面，如果不注意观察，不仔细探求，即使是对一个生活了十几年的地方，它也并不会如你想象中那般熟悉。观察力与洞察力是新闻工作者挖掘新闻的重要条件，对于一件事，除了要有探索的欲望外首先便要具有发现它的敏感。采访两位徽派竹雕大师，我们一行人获益匪浅，从他们身上看到的是对竹雕艺术的热爱，是对徽派竹雕未来传承所做出的努力。

## 视频组

我们能够感悟到我们这个民族所特有的精神价值、思维方式、想象力和文化意识，也能激发我们的成长的新一轮的创造力。在唐模这个有着将近1500年历史的古村庄里，我们通过镜头记录下时光流逝中那些始终不曾流失的东西。

## 旅游产品组

第一次和古村落接触，以一个新闻传播学院学干的身份去深入了解一个陌生的地方，一个旅游景点的建设，背后的投资和支持牵涉到方方面面；一个旅游线路的规划，也是需要全面的考虑。这包括每个乡镇的发展、各个景点的贯连、每种特产的收益等等。

## 民俗文化组

走走停停，看遍一路风景，但愿下次再走进徽州时，会看到熟悉的又不一样的它。在长潭驿站待合会这个地方，村里共有十二户"徽秀娘"农家乐，由村内的旅行协会统一管理，统一标准和统一收费，"旅行社＋旅行协会＋农户"还有"统一管理"是个很新颖的模式。

## 农产品组

这次调研给我最大的收获是观念的转变。以前，我想的更多的是如何去说清楚一件事情，更多的是从旁观者的角度去看事情，但这次调研我觉得，仅仅是记录一件事情的效果很小，但是参与就不相同了，如果带着一份参与感进入事件本身，自己会更加投入，也会更加用心的去了解事件本身。

图 3.1-5 邂逅·总结

图 3.1－6　邂逅·全媒体矩阵传播

## 五、茶文化活动及报道

茶文化创新大赛旨在弘扬中华民族优秀传统文化，传承源远流长的中华茶文化，创新当代茶文化，实现中华茶文化创造性转化和创新性发展，提升大学生的综合素质，增强大学生的创新意识、创新精神和创新能力，探索创新创业型人才培养新途径和新方法；同时，通过茶文化创新大赛，促进学校教育教学改革，推动学校创新创业教育工作。这其中，真知传媒为响应中华茶文化的宣传推广，对2016年和2018年两次茶文化大赛进行了报道，真实记录了大赛的整个过程，对于传承中华茶韵，传播茶道精神，弘扬茶文化，创新茶产业有着重要的意义。

### （一）"白云春毫"杯2016中国（安徽）大学生茶文化创新大赛

以下是真知网的新闻报道：

#### "白云春毫"杯2016中国（安徽）大学生
#### 茶文化创新大赛决赛开幕式于安大磬苑校区举行

图3.1-7  大赛现场

（本网讯） 5月7日下午2点，"白云春毫"杯2016中国（安徽）大学生茶文化创新大赛决赛开幕式在安徽大学磬苑校区隆重举行。本次大赛由安徽省教育厅主办，安徽大学、安徽农业大学、安徽省茶叶行业协会联合承办，安徽白云春毫茶业开发有限公司协办；大赛竞赛服务和技术支持分别由安徽大学经济管理和新闻传播国家级实验教学示范中心、安徽大学《茶与茶艺》课程组等部门提供。来自省内外30所高校57支代表队约300余名师生，齐聚磬苑，品茶论道。

出席大赛开幕式的嘉宾有安徽大学副校长俞本立教授，安徽省茶叶行业协会会长顾公新，安徽农业大学教务处处长李绍稳教授，庐江县委常委、副县长林冬生，安徽农业大学中华茶文化研究所所长丁以寿，安徽白云春毫茶业开发有限公司总经理赵玉贵等。

据了解，本次决赛主要分为现场抽签、开幕式、茶艺基本功竞赛、茶文化知识竞赛以及创意主题茶艺表演等五个环节。

图3.1-8 现场抽签图

据主办方介绍，大赛旨在传承中华茶韵，传播茶道精神，弘扬茶文化，创新茶产业，同时有效引导我省大学生对祖国灿烂文化的热爱，推动全省大学生在茶文化方面的交流与学习、创新与实践。

安徽大学经济管理和新闻传播两个国家级实验教学示范中心及真知网近50名师生为大赛提供了志愿者服务和全程新闻报道。

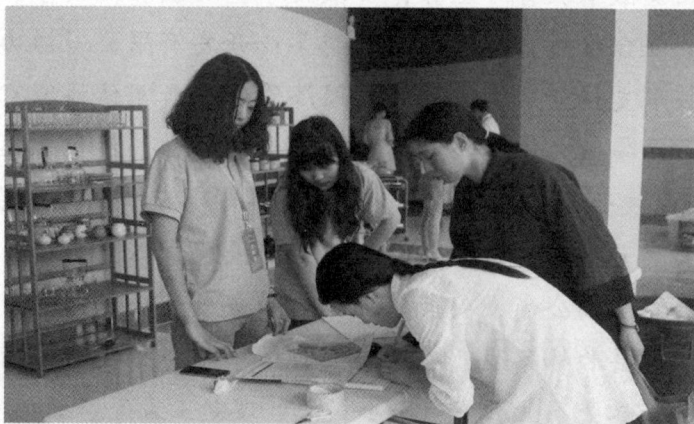

图3.1-9　志愿者服务

### （二）"徽府茶行杯" 2018年安徽大学生茶文化创新大赛

6月3日中午12：00，由安徽省教育厅主办，安徽大学、安徽农业大学、安徽省茶叶行业协会承办，安徽省茶文化研究会、安徽徽府茶行文化传播有限公司协办的"徽府茶行杯"茶文化创新大赛成功落下帷幕。

本次大赛分为初赛和决赛。初赛由各参赛高校自行组织，推荐优秀选手参加决赛，在5月17日前已结束；决赛由大赛组委会组织，于6月2日和6月3日举行。中午12：00，个人组和团队组的创意茶艺表演全部结束。

参与本次大赛评审的茶叶行业协会资深专家顾公新一直致力于将茶文化推广到大学生群体中，比赛后，他接受记者采访时提到，茶文化的精髓，"首先是'和'，中国人讲究和谐传统；其次在于'静'，只有静下来才能够思考；还有'勤'，勤奋是很好的习惯；最后是'廉'，节俭是传统美德。"

另外，顾公新表示，从今年同学们的比赛过程来看，无论是对茶

图 3.1-10 大赛展板

文化内涵的理解，还是茶艺的表演，都更加的娴熟，也体现了创新。这说明茶文化在渐渐的推广和普及。

同学们参加比赛也收获良多。在安徽经济管理学院的徐丽丽看来，茶文化比赛给她们热爱茶艺的同学提供了一个展示自我的平台。由于热爱茶文化，她在学校创立了茶艺社。这次参加比赛，也让团队更加和谐默契。

"此次茶文化创新大赛规模可观，可以吸引到200多名高校同学参与到比赛中来，传播茶文化首先要让年轻人接触到茶，这不仅为传统茶道文化注入了新的生机和活力，也为中国传统文化的传承贡献了力量。"当记者问及各高校参与茶文化创新大赛的意义时，安徽徽府茶行文化传播有限公司的副总经理朱海涛说道。

安徽大学经济管理实验教学示范中心组织了志愿者团队为大赛提供了全程技术支持和竞赛服务。安徽大学（国家级）新闻传播实验教学示范中心学生自主管理中心和真知网为大赛制作了宣传片，并对大赛决赛进行了实时报道。

图 3.1－11　大赛人员合影

## （三）专题报道

【茶文化活动专题报道一】"徽府茶行杯"2018 安徽省大学生茶文化创新大赛即将在安徽大学磬苑校区举行

【茶文化活动专题报道二】"徽府茶行杯"2018 年安徽大学生茶文化创新大赛在安徽大学举行

【茶文化活动专题报道三】"徽府茶行杯"2018 年安徽大学生茶文化创新大赛圆满结束

图 3.1－12
茶文化活动专题报道一

图 3.1－13
茶文化活动专题报道二

图 3.1－14
茶文化活动专题报道三

## 六、中心成员参拍《航拍中国》

2017年9月27日，第十四届精神文明建设"五个一工程"表彰座谈会在北京召开，67部获奖作品受到表彰。其中，安徽大学（国家级）新闻传播实验教学示范中心师生团队参与拍摄的《航拍中国（第一季）》获第十四届精神文明建设"五个一工程"优秀作品奖。

大型航拍系列纪录片《航拍中国》，以空中视角俯瞰中国，是中国有史以来航拍规模最大、单集投资金额最高的大型航拍纪录片，以故事化的叙事方式展示一个美丽中国、生态中国和文明中国。《航拍中国》第一季共6集，全部拍摄动用了16架载人直升机、57架无人机，总行程近15万公里，相当于环绕赤道4圈。安徽大学新闻传播实验中心师生团队参与了上海和黑龙江两省市无人机镜头的拍摄工作，该片于2017年春节期间在央视纪录频道播出，取得了良好的社会反响，在社交媒体豆瓣网评分高达9.4，真知创新中心的视觉中心总监夏明杰作为航拍团队主要成员参与了拍摄。

图3.1-15　新闻传播实验教学示范中心师生在黑龙江开展无人机航拍工作

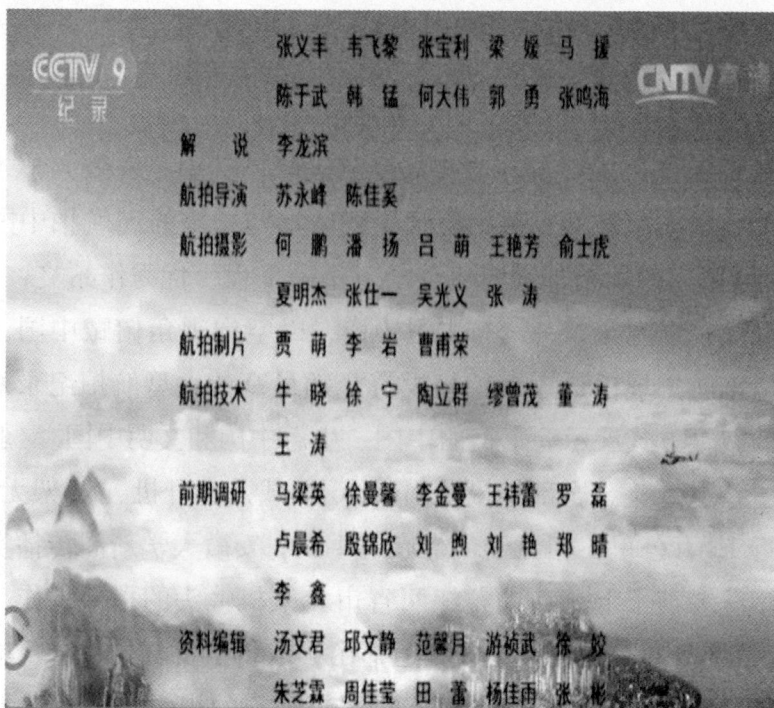

图 3.1-16　航拍团队名单

# 第二节　真知创新

## 一、"带着微博去上学"活动

真知创新中心 10 多年来，创新学生活动形式，发挥学生主动性，组织了不少有影响力和特色的活动。下面介绍部分活动。

### （一）线上活动：#带着微博来上学#

活动时间为 2013 年 9 月 1 日至 10 月 30 日。

活动全程以#带着微博来上学#为关键字，围绕"新生宝典""校园美景随手拍""校园美食""国庆出游""大学印象"等主题，持续宣传，长期运作，定期举行线上有奖征文、转发活动，将微博带入大一新生，以微博联系学长学姐，从而使微博成为大学生生活不可或缺的一部分。

### （二）线下活动：#带着微博来上学#

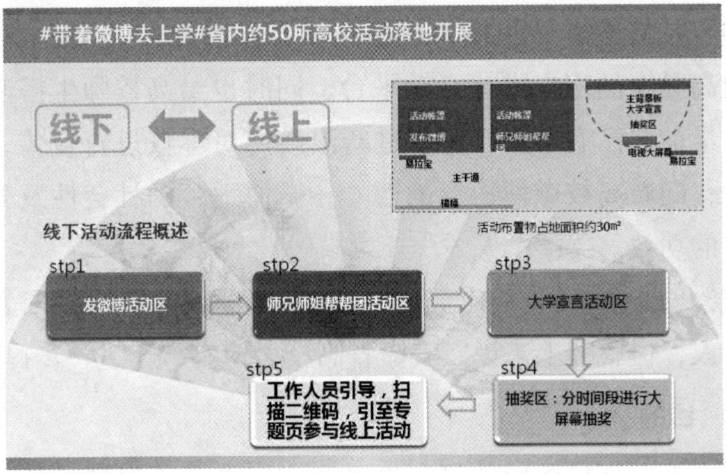

图3.2-1　线下活动介绍图

## 二、创办"第一届安徽省高校微博论坛"

### （一）背景

2011年3月，清华大学学生刘若晴提出成立微博协会的申请，校方意识到微博协会的成立能让清华大学在微博领域抢占先机，增强清华大学在微博上的话语权。很快，中国高校第一个微博协会——清华大学学生微博协会成立。之后全国有50多所211高校相继成立了微博协会，至今全国累计有百多所高校成立。

高校学生微博协会的成立，给以往一成不变的传统高校社团活动注入了新鲜活力。今天，信息化发展日新月异，网络已经成为人们工作生活中无法缺少的内容，基于网络的信息传播和互动交流也已经成为现代大学生学习生活的重要形式。对同学来说，参与学校微博协会的活动，不仅让自己的学习和工作能力得到锻炼，而且还能通过新浪微博等网络实时了解社会新动向，为日后进入社会奠定坚实的基础。

新浪微博与各高校进行校企合作，由学生自发组织建立微博协会，学校团委直接管理，新浪微博提供技术和平台指导，聚合校园资源，为校园内高黏度的用户搭建互动平台，同时也给高校师生搭起一个沟通平台。早前，已有不少高校通过新浪微博对学校进行宣传、对学生进行捐助；随着高校微博协会的建立，微博平台的社会性及公益性发挥着更大的功效。

目前，安徽省多所高校已经建立微博协会，并有"校园大使"或相关负责人，但整体上来说，安徽省高校微博有待于进一步提升。

### （二）目的

第一，提高高校微博的研究水平和实践能力；促进对各高校微博的有效利用，提高使用效率，充分发挥高校微博的传播力与影响力。

第二，促进微博进高校；推动微博在各高校的普及；构建微博联系网络，搭建微博信息平台，从而形成高速合理便捷的联动机制。

第三，促进高校微博协会的发展；加速微博协会的发展进程，提高微博协会在学校各事务中的发言权、话语权；提高微博协会的影响力，发挥带动作用。

第四，推进新媒体的使用与研究。掌握新媒体的发展规律与形势动向；在新媒体发展的热潮中抓住机遇，迎接挑战，革命性的提升微博协会的传播效用，展现当代大学生对新媒体的有效运用。

第五，提升微博协会在省内影响力，提高微博协会的社会声望；促进我省传媒行业的进步发展，同时带动传播的更新，推动我省在新媒体领域向更高层次迈进。

## （三）前期宣传

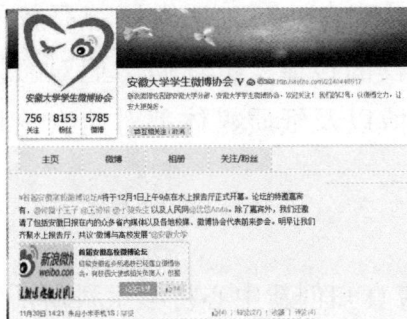

图 3.2-2　http：//weibo. com/2240446517/Al7ApC8Rk

图 3.2-3　http：//weibo. com/1744900995/Aleyagadz？mod＝weibotime

## （四）活动过程

2013 年 12 月 1 日，在安徽大学水上报告厅（主会场）以及安徽大学磬苑校区磬苑宾馆第四会议室（分会场），由安徽大学国家级新闻传播实验教学中心和新浪校园主办、安徽大学学生微博协会承办的第一届安徽省高校微博论坛正式开始。

2013 年 12 月 1 日上午 8：30，在安徽大学水上报告厅 D101 进行论坛开幕式，并由复旦大学新闻传播学博士孙祥飞、新浪安徽微博频道主管周骏、滁州学院党委宣传部部长王诗根、人民网安徽频道代表金蕾欣进行"微博与高校发展"主题论题发言。下午 13：30，在安徽大学磬苑宾馆第四会议室进行"微博环境下的校园媒体发展"圆桌会议。

### （五）活动成果

提高了微博协会在省内的影响力，同时"微博与高校发展"主题论题发言，促进了微博在高校的传播，也让同学们对微博这一新媒体有了更深的了解。协会官博以及纸质媒体都对此次论坛进行了报道。

### （六）活动特色

微博论坛的成功举办标志着真知创新中心将学生科研活动和实践活动的完美结合。

#### 1. 活动由学生自主自发举办

此次微博论坛是由学生自发组织建立的微博协会承办，整个论坛的前期准备一大部分工作都是由协会的成员们分工合作完成的，包括场地的租借、参与论坛嘉宾的联系、媒体的联系、物资准备等，都由协会各部门负责。论坛举办当天，场外的签到工作、论坛的微博直播工作、物资整理发放等全程活动也都由学生一手操办。

#### 2. 提高学生对微博等新媒体的认识

在论坛上，来自复旦大学的新闻传播学博士孙祥飞发表了题为《碎片化与主流化：校园社交媒体的传播力与阐释力》的演讲，孙博士针对校园微博的运作方式进行了评价，点明了校园微博运营中存在的问题并提出了具有针对性的建议。来自滁州学院的王诗根则就校园微博内容编辑与运营谈了自己的几点思考。这些专题讲座都有利于提升学生的认识水平。

#### 3. 各高校学生间相互讨论切磋

此次论坛邀请了来自全省 27 家高校的微博"校园大使"，共同参与了"微博环境下的校园媒体发展"圆桌会议，就如何提高高校微博的研究水平和实践能力、推进新媒体在高校中的使用与研究、构建良好的网络空间秩序等方面进行了热烈探讨。

### 4. 锻炼实践能力

这次论坛，从前期准备、正式举办到后期总结等都由学生自己组织实施。在活动的过程中遇到问题基本都是自己想办法解决。这有效地锻炼了大家处理问题的能力。

## （七）媒体报道

图 3.2-4　中安在线报道

安徽首届高校微博论坛举办　本网代表受邀发言

2013年12月02日11:29　来源：人民网-安徽频道　手机看新闻

安大新闻传播学院副院长吕萌致辞。

人民网合肥12月2日电（记者陶涛）当"微博"遇到"校园"，它们会碰撞出怎样的火花呢？12月1日，安徽省首届高校微博论坛在安徽大学举行，来自全省27家高校的学生代表以及新媒体领域相关人士参与了此次论坛，共话新媒体的使用与研究，充分发挥高

图 3.2-5　人民网-安徽频道报道

## 三、特别板块——《鸣磬日报》

《鸣磬日报》是真知创新中心在运动会期间创办的特刊，每年于运动会期间 3 天，设有“运动风采”“短讯解说”等版块，具有较高的阅读价值和收藏价值。运动会当天《鸣磬日报》的发行量为 1000 份，3 天共计 3000 份，以每张报纸传阅 3 次计算，传阅量突破 10000。《鸣磬日报》因其内容丰富生动、契合学生心理，保证了可读性。

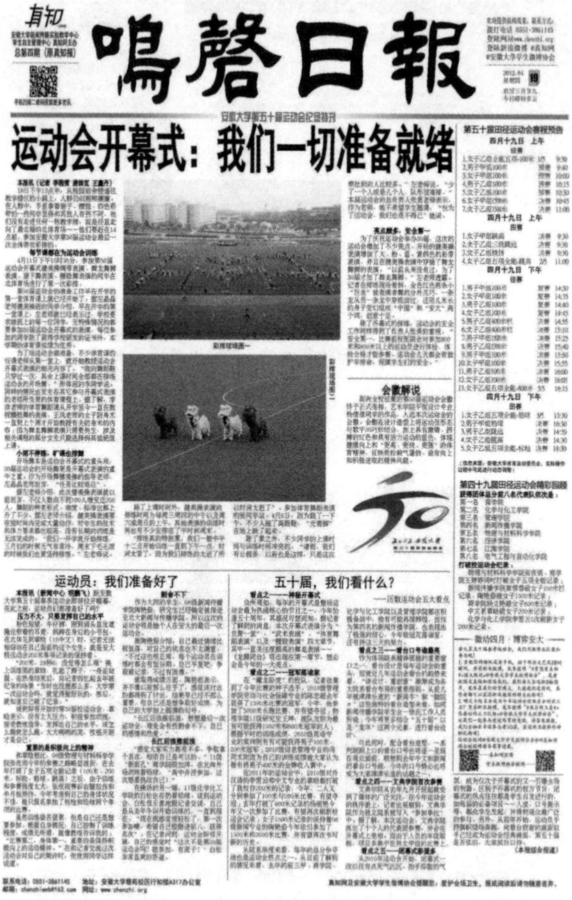

鳴磬日報

运动会开幕式：我们一切准备就绪

运动员：我们准备好了

五十届，我们看什么？

图 3.2－6　《鸣磬日报》A1 版

鳴磬日報

A2

安徽大学第五十届运动会纪念特刊

# 看台，想说爱你不容易

**本网讯（记者：顾开贵 尤晓璐）** 运动会历年是安徽大学的重头戏，从徽标设计，运动员训练到开幕式表演都无疑都成了热门话题。

4月19日，安徽大学第50届运动会如期而至，某院的一则通知短信在网上"火了"：因为本次运动会看台317人……为了保证全体到场，所以除了班级点名，团委决定一旦发现运动会3天期间如果有人不到，或迟到早退严重者，所有经团委发展的荣誉全部废除资格。

对于此，各种说法莫衷一是，签到的意义究竟在哪里？运动会到底是运动员的比赛还是看台观众的竞争呢？如果结果是否定的，那么答案又在哪里？

**参加还是被参加**

早在运动会正式开始的前一天，各班班委就开始发飞信通知大家务必参加。当然，也有同学开始在安青论坛上吐苦水了，网友舒雨枝说："全国人民都支持北京奥运会，那都要去捧场了？？？"

记者了解到，运动会本来就属于日常教学的一部分，几乎每个院系都实行签到制度，运动会期间如果有事必须得向辅导员请假，为了保证参与度，大到院系小到班级都使出了浑身解数。

商学院是人数最多的一个院，院里安排大一和大二各来一天，开幕式和闭幕式都必须要到，否则就会取消评奖评优资格。

"不就是签到嘛？签到有用吗？我一个人都帮人家签了十几个，辅导员说如果不参加运动会就取消评奖评优资格，那都是辅导员说说而已，他什么活动都这样说。"商学院的一名同学这么说道，该同学还坦言，辅导员每次有活动都这么说，对他没有什么作用了。

"我们系是强制大一大二的去，要点名，如果不到就取消评奖评优。"10级中文系的钟同学表示，她不是特别愿意去，现在觉得去加油也是有必要的。

然而，谈及大家所诟病的签到制度和强制措施，院系的老师表现出了他们的无奈与苦衷。

文学院的辅导员看过网上转发的短信，他解释说短信内容确实欠妥，并且主管书记已经批评了那位老师。"针对签到，辅导员应该说明清楚，如果不参加会扣除相应的素质考核分，要给学生一个自主选择的权利。那老师可能只是表达一种情绪，其实你要真的不来他也不会真的处罚你。"另说，并不存在不参加运动会影响评奖评优的规定。

司振龙透露，运动会的得分和道德文明风尚奖与院系评比相挂钩，直接影响到院系和本院学生的利益，而道德文明风尚奖很大程度上取决于看台的人数。

**比赛还是比阵势**

对于运动会，无论是院系领导还是学生会成员、运动员承受着不同程度的压力，运动会不仅是学校一年一度的盛事，也是各个院系展示风采的舞台，关乎各个院系的荣誉，花钱事小，丢面子事大。

"今年院里比较重视，团委书记都会亲自到现场来看，实行签到，这是一个体现责任感和荣誉感的机会，而且最后会有一个精神文明风尚奖，我们希望能争取一下。"法学院学生会体育部部长刘天昌说。此外，商学院共召开了两次动员大会，运动员的后勤准备很充足，包括药品和水，各种应急措施都已制定好。一名不愿具名的商学院同学告诉记者，学院在经费这一方面开支挺大，运动员的服装一套要三四百，共有八十多个运动员，加起来得好几万。

作为安徽大学第二大院的经济学院情形可就大不一样。"我们院抠门死了"，一位不愿透露个人信息的经院女同学连声感慨。"我们院运动员进场都没有啦啦队，运动员训练没有补助，什么啦啦队的彩球、服装都是前一届的。"她说除了十盒金嗓子，几乎没有花钱的地方。

据了解，各院系的辅导员和团委书记都会有到场。"我们这些老师都住在市区，来回赶实在有些不方便，早晨连早饭都顾不得吃。"新闻传播学院学生会的刘同学说，"我们每天都要去，在运动会前有开会进行分工，已经忙了好一阵，每天下午结束后还要进行总结，是挺辛苦的，很能锻炼人。"

**运动会的正道：独乐不如众乐**

学校倾注这么大的人力物力办运动会到底值不值？运动会的发展方向是否偏离了学校本来的宗旨？

文学院08级辅导员司振龙对于上述问题表示："这得看同学们的价值判断了，如果他们说值得，那么这就值得，我个人还是认为这很值得。第一，现在的学生体质普遍差，很多时间花在上网上，如果不是这次运动会，还不知道他们会不会到体育场。其二，运动会可以锻炼学生们的公共生活参与能

而对于运动会的作用，司老师表示："高校运动会的职能应是带动大家养成体育锻炼的好习惯，加强院内院外的交流，竞技体育不应是它本来的职能。"

# 他们需要更多的掌声——探访安大运动会里的"老人"

**本网讯（记者：田林峰）** 在安徽大学的运动会里，每年都会涌现不少新秀，成为新一届的运动明星。可是，有一些人，他们坚守着每一次精彩，无论场上还是场下。

今天，安徽大学第五十届运动会闭幕。

**最后的告别赛**

陶艳茹，安徽大学08级学生，"很多东西可以以假乱真，可是体育不能"她在运动会里的心得。

作为大四的学生，她即将毕业，这也是她最后一次参加学校的运动会。在之前的比赛里，陶艳茹这个名字是很响亮的，因为她有骄人的成绩，是校运动会记录的保持者。

对于比赛时的心态她解释说，"我和自己比，因此我不会太紧张"。从大一开始练习跑步的她，除了和对手比，就是超越自己，她认为体育是一种不能以假乱真的运动，靠的是扎实、不浮躁的心态，所以她不停地奔跑。

虽然这是她最后一次参加运动会，但是她表示她的跑步不会停。

**一个"不高兴"的冠军**

在男子组1500米长跑中，编号229的研一学生王坤摘得了冠军，这是他第五次在运动会中参加比赛，他自诩为运动会的"老人"。

虽然跑到了第一名，但对于今天的比赛，王坤并不满意。"我没有破纪录，我自己的记录"他说。这是他最后一届的比赛，没有打破自己之前的记录，他还是有点失落，不过这个和他的伤有关系，在之前的训练中，他腿部拉伤，影响了今天的发挥。

对于运动会，王坤觉得一年比一年有激情，在这里他可以交更多的朋友，也可以给自己的学院争光，是对生活的一种不同体验，值得鼓励。

在下个星期的全国大学上运动会选拔赛中，王坤还要继续参加，他的奔跑之路还在继续。

**运动会里场外的"主角"**

在运动会中，并非只有运动员在辛苦的付出，还有一群人，他们是后勤人员，是校园记者…

张莉鹃，安徽大学研究生，在之前的四届运动会中，她从一个校园记者，到团学新闻中心的主任，一直是个后台主角。

大一在赛场写新闻，大二、大三进行策划、编稿，张莉鹃的运动会，似乎总是在文字中进行的。"听到、看到自己的同学在比赛，我也想去看看，可是我要采访，因为新闻有它的时效性"她无奈的说，"我们风吹日晒，天天到处跑新闻，就算是自己喜欢，运动会也很难参加。"但她并没有多少遗憾，"有得必有失嘛，开幕式和比赛可以看视频的，但是这种采写运动会稿件的机会并不多，也很庆幸自己有这样一个锻炼的机会。"

和张莉鹃一样，新闻传播学院研一的学生陈诺也是个运动会的老观众了。陈诺笑言：在安大五年的时间里，每次都能看到运动会的第一缕朝阳。作为大一新生的他，当时一方面在院里进行后勤工作，另一方面还要为校媒采写新闻稿，"当时报道都写不熟练，但却很有兴趣跑着。"他告诉记者。大二时，陈诺的运动会任务主要放在了看台上，从方阵造型的编排到加油助威，三天的时间，嗓子喊到发不出声音，"那一年，我们的看台造型是一个牛字，那年新闻的成绩很好，我们的看台也是全场最牛的！"一想到大二的那次运动会，陈诺依旧很自豪。据他介绍，哪怕是到了大三大四，运动会依旧与他有着千丝万缕的关系，没想到读了研究生，还是得作为校媒的负责人，出现在运动场外。当问到哪一年的运动会最让其难忘，陈诺笑了笑："每一年，虽然每一年的节目都不一样，项目成绩也不定，然而这三天的看台气氛，让人无法拒绝。"

# 用心把你留下来

无疑《最炫民族风》真的是火了，正如此次运动会的四只卖萌小狮子遭热捧一样，更有不少热情的歌迷给真知微博留言说，舞狮要是以《最炫民族风》配乐，效果会更好。三天时间，对上课来说很漫长，对上网来说很短暂，这是典型的"相对论"，从这个时间维度上看，每年此时在桃花镇某高校里所制造的热闹与喧嚣，统统是为了《最炫民族风》里的一句歌词："让我用心把你留下来。"

是的，把你们留下来。

同奥运会不同，学校的运动会向来缺乏观众，更可以说在不少学生心中，运动会已经成为法定节假日，于是早在几个星期前，前往旅游景点的火车票就已经早早预订好。"只要够牛逼，放假到五一"这并非空穴来风，但关键在于"敢想敢做"。然而你们走了，盛会还剩下什么呢？

于是，辅导员把你们留下来，以莫须有的"扣综合素质分"和惊悚的"取消一切评奖评优"作为理由，让一届又一届的你们乖乖坐在了看台上。班委把你们留下来，点名签到，排值日表，关键时刻长吼一声："为了部落！"于是你们又留了下来。

然而，你们真心想要留下来么？

这里要说的无关乎所谓"精神文明奖"、无关乎"个人综合素质"，来去永远是个人的自由，然而"将心比心"四个字同样适用于解释运动会的去留问题，总有一群人，想要用心把你们留下来。

每个赛场上的运动员，是你们的室友或者好兄弟，他们用速度和激情把你们留下来，你们为他们的冲刺而欢呼，为他们的胜利而喝彩。每个开幕式上的表演者，是你们的女友或者好姐妹，他们用美丽和奔放把你们留下来，你们为他们的舞姿而惊叹，为他们的绚丽而呐喊。于是，你们愿意留下来。

每个为赛事指挥的裁判员，是你们的体育老师，他们用坚定和公正把你们留下来，每个在为赛事服务的志愿者，是你们的同班同学，他们用热心和热情把你们留下来。每个同样在看台上雀跃的拉拉队，是你们眼前最亮的风景，他们用活跃与魅力把你们留下来。于是，你们愿意留下来。

你们因为每一次打破校记录而喝彩，你们因为接力赛的每一次传递而喝彩，你们用心留下来，完全是因为一种久违的集体归属，久违的齐力同心，如同每年闭幕式的"人浪"，运动场犹如一个近乎信仰的共同体。

当然，作为还在路上的校园记者们，虽然来自于不同的校媒团体，我们真心想让你们留下来，去陪同我们一起见证那走在新闻专业主义路上那无数可圈可点的美好风景，包括运动会的共同体。

于是，三天时间，每天17个小时的总工作量，数万字的文字稿，近千张摄影图片，长达数十个小时的摄像素材，1500份的发行量，数百条的微博在线直播，几十人的全面参与，早上八点开始的采访，晚上七点的正式排版，十一点的集中打印，只为第二天的《鸣磬日报》及时送上。

真知网想通过这样一面A3大小的报纸，在这个被电子云统治的时代里，用还很笨拙且青涩的平面报道，有些生疏且呆板的头版标题，不太专业且整齐的版面编辑，用心把你们留下来。

这是本次运动会的最后一张《鸣磬日报》。

真知梓

2012年4月20日

联系电话：0551-3861145　地址：安徽大学磬苑校区行知楼A317办公室

邮箱：zhenzhiweb#163.com　网址：www.zhenzhi.org

真知网及安徽大学学生微博协会提醒您：爱护会场卫生，报纸阅读后请勿随意丢弃。

图 3.2－7　《鸣磬日报》A2 版

## 四、鬼畜看校运

作为活跃在学校新闻和宣传战线的一支主力军，每年的校运动会自然不会少了真知创新中心的精彩表现。2017 年第 55 届校运会时，视觉中心首创制作了鬼畜看校运的视频，首次采用鬼畜剪辑元素的校运会视频，第一次没有用传统的方式记录校运会，在鬼畜还未流行起来的当时，真知创新中心敏锐地嗅到了流行的走势，大胆创新，为校运会内容传播增添了更多的趣味性，博得了同学们的喜爱，也扩大了真知在校内的影响力，创下了真知视频作品最高点击量。

## 五、安徽高校首届手机摄影大赛

安徽高校首届手机摄影大赛由网易安徽联合安徽 8 所高校主办。抛下繁重的设备，轻便地去记录生活，让安徽在校大学生发现身边的"小确幸"。这不仅为安徽省大学生提供了手机摄影的展示平台，也是对校园美好生活的发掘与歌颂。

摄影大赛旨在记录校园及周边的美景（美景、美人、美食、美时、美刻）和真实瞬间（自然风光、人文建筑、幸福时刻等），为喜欢拍摄并分享的同学们提供了一个平台，来记录传递真善美。

手机时下每个人必备，更是年轻人展现自我个性的便捷工具。大学生喜爱用手机拍摄一些生活片段或突发事件，短短几分钟的视频，就能及时地记录下每个人对生活的感受。生活中的突发事件、真实的社会现象、身边被忽视的美丽以及富有创意的精彩瞬间等提供了丰富的拍摄素材。只要有一双发现生活的眼睛，有一颗欣赏生活的心，采集身边的点点滴滴，体味生活的酸甜苦辣，便可用手机记录下来，用一个个片段，留下美好回忆。照片、视频，帧秒之间，我们的生活就存进了手机。稍加留心，突发事件、社会现象、路边风景都是生活的素材板。按下拍摄键，定格属于我们的感动与兴奋，一帧帧相片绘出我们的生活画卷。

图 3.2-8 摄影图片展

安徽大学新闻传播实验教学中心真知创新中心联合网易新闻举行以"以你之眼，心见无限"为主题的手机拍客大赛，为学生们提供一个展示自我的平台。

此次活动以"新青年、新视角、新生活"为主题，体现当代大学生结合实际、紧跟时代的精神面貌。以学生在学习实践、校园文化等活动中培养的独特记录视角来反映当代大学生敏锐的观察力和感悟力，创作出最能代表大学生思想的视听作品。

## 第三节　真知学堂

### 一、真知学堂

真知学堂是真知创新中心的特色活动，真知学堂聘请业界知名新闻人传授新闻与传播业务知识，举办一系列讲座，让同学们增强对新闻的感知能力，提高采、写、编、评、摄的水平。真知学堂从 2011 年开办第 1 期，已经历经 11 期，每次举办都能获得较好的反响，赢得同学们的一致好评。

真知学堂 11 期包括以下内容：《新安晚报》首席记者章玉政教你在小校园里做大新闻、王桂红的"Corel 软件及应用特点与功能优势"、安徽房地产营销行业领军人物陈安东的"整合运营"、江华的性格色彩之"如何与不同性格的人沟通"、戴玉清"中国东方礼仪"、中青记者王海涵"写有温度新闻作品"、吴皓宇的"文字与镜头语言的应用"、周彤"新环境下的广播电视主持"、黄铮"互联网时代，我们做怎样的记者"、桂黎飞的"媒介融合"、金蕾欣"在新媒体语境下，新闻该怎么写"等等。

### 二、真知学堂特色篇

#### （一）《新安晚报》首席记者章玉政校园行

专题讲座：首席记者教你在小校园里做大新闻

时间：2011 年 10 月 26 日（周三晚 7 点）

地点：博北 D201（水上报告厅）

人物：章玉政（《新安晚报》原终身首席记者　星级记者）

首席记者教你在小校园里做大新闻！

图 3.3 - 1　宣传海报

在此次讲座中，章玉政老师谈到了校园记者的角色定位，教我们如何跳出校园做新闻，这些内容让同学们受益匪浅。他认为，首先，校园记者就是记者，从一开始要以记者的身份要求自己，不懂请教，不找任何借口；其次，校园记者要像记者。我们整个精神状态，职业状态要有记者的状态；最后，校园记者要超越记者。我们要从细节注重职业技巧，眼光要超越自己，超越记者，如果与校外媒体、企业保持良好关系，可以大有作为。

在讲到如何跳出校园做新闻时，章老师认为，我们要写的新闻不是罗列，要找出亮点、精彩的地方；其次，新闻不是宣传，新闻的要点是"新"，变是新闻之母，但"变"不一定产生新闻。最后校园新闻的选择要点：抓身边新闻，学会换一个角度；寻找新闻点，比较斟酌；新闻价值判断和新闻价值选择是最精彩的亮点/故事/人物。

## (二) Corel 教育考试中心渠道经理王桂红讲座

时间：2013 年 11 月 26 日（周二晚 7 点）

地点：博北 A209

人物：王桂红

王桂红老师（Corel 教育考试中心渠道经理）详细介绍了 Corel 软件的功能、特点和相关应用，同学们开阔了眼界，了解世界优秀的软件公司和专业软件。

图 3.3－2　宣传海报

### （三）吴皓宇的"文字与镜头语言的应用"讲座

2018 年的第 1 期真知学堂，我们邀请到了毕业于浙江传媒学院电视摄像专业、现任安徽电视台经济生活频道第一时间栏目记者的吴皓宇老师。吴皓宇老师演讲的主题是"文字与镜头语言的应用"。

图 3.3-3　宣传海报

吴皓宇老师通过对中国式新闻的阐释和一个例子告诉我们，拍摄之前要进行思考以让新闻更有深度。他分析了日本 NHK 纪录片《三和大神》中的镜头和情节，与进行互动，生动形象，让同学们明白了每个镜头的意义以及思考设计的重要性。

## （四）桂黎飞的"媒介融合"讲座

桂黎飞先生现任合肥在线副总编辑，主要负责网站采编管理，对网站稿件发布、微信内容生产、手机报制作审核进行把关工作。在这次学堂中，身处当代媒体前沿的桂黎飞先生向我们介绍了"融媒体时代"的到来，从资源的充分整合与利用讲到身为媒体人工作所需的小技巧，再讲到"融媒体时代"的媒体人应该如何提高自己。

交流过程中，桂黎飞先生以自己的工作经验为例，向同学们生动地解答了媒介变革中媒体人的思考与摸索。在回答学生课后提问"大学生与技校学生差别"中，桂黎飞先生强调思考与读书的重要性，并对未来即将成为媒体人的学生们提出期许及建议。

图 3.3 - 4　宣传海报

### （五）崔万志系列活动讲座

真知创新中心运营部门于 2017 年 10 月策划并组织了崔万志系列活动，"电商潮流下传统之美的新生——'旗袍先生'崔万志的创新创业之路"，讲座于安徽大学博学北楼 D101 举行。

崔万志简介：中国旗袍先生，《超级演说家》年度亚军，2016CCTV中国创业榜样，全球十大网商，全国道德模范候选人，半职创始人，崔之恋旗袍创始人，少年中国说创始人，演讲视频《不抱怨靠自己》网络点击量超过 10 亿人次，曾在清华大学、中国科技大学、及北京科技大学、石河子大学、安徽大学等超过 50 所国内外知名高校做过公益演讲，全国巡回演讲超过 200 场。

　　崔万志教师自强不息的精神深深鼓舞着同学们，也激发了同学们的创新创业热情。

图 3.3－5　"旗袍先生"崔万志

http：//xwcbsy. ahu. edu. cn/display. asp？id＝668

## （六）金蕾欣"在新媒体语境下，新闻该怎么写"讲座

　　2018 年的第 5 期真知学堂，迎来人民网安徽频道编辑中心副主任金蕾欣女士，她在从事新闻工作 10 多年中，获得安徽新闻奖二等奖 3 次、三等奖 2 次。

图 3.3－6　宣传海报

金蕾欣首先从自己职业经历讲起，随后讲到新媒体概况；信息爆炸导致"后真相时代"的到来，进一步影响到价值取向，并点出当下新闻与宣传应注意的结合点，以及当下宣传稿的通病，向大家传授了新闻写作注意事项以及如何寻找最佳新闻角度。

# 第四节　真知公益

真知创新中心自成立以来一直重视组织、参与一系列的公益活动，成员也积极为各项公益事业贡献自己的一份力量。低碳生活进社区系列公益活动、免费午餐进校园、真知奖学金等活动取得了较好的效果，逐步形成了组织的"公益"理念。

## 一、低碳生活进社区

### （一）背景

温室气体早已成为全球关注的热点问题，近年来受资源和环境的双重压力，国际上实施低碳经济，建设低碳城市的呼声日趋高涨。低碳经济是以低能耗、低污染、低排放为基础的经济模式，是人类社会继农业文明、工业文明之后的又一次重大进步。低碳经济实质是能源高效利用、清洁能源开发、追求绿色 GDP 的问题，核心是能源技术和减排技术创新、产业结构和制度创新以及人类生存发展观念的根本性转变。

通过前期调查，真知创新中心的成员们了解到：合肥地区一些小区积极响应"低碳经济"号召，开展了一系列相关活动；但同时，仍有许多小区未进行低碳化建设。

### （二）活动

基于上述背景，真知创新中心于 2010 年 5—7 月在安徽大学磬苑校区、芙蓉社区、莲花社区、合家福超市等地举办了"低碳生活进社区"的活动，活动分为三个阶段：

第一阶段——对社区进行基本情况了解。同时广泛联系省内各大媒体，吸引社会对低碳经济以及本次活动的关注；并对合肥其他社区进行调研，为暑期调研和实践做铺垫。

第二阶段——暑假活动执行中，进行一周左右的社会实践。实践主要分为三大主题：调研主题、义工主题、宣传主题。

第三阶段——团队回到安徽大学对本次暑期实践进行总结。形成总结报告。

## （三）活动照片

图3.4-1 团队成员在莲花社区明珠居民小区做问卷调查

图3.4-2 团队成员在莲花社区作低碳宣传讲座

图 3.4-3  成员在莲花社区作低碳讲座情形

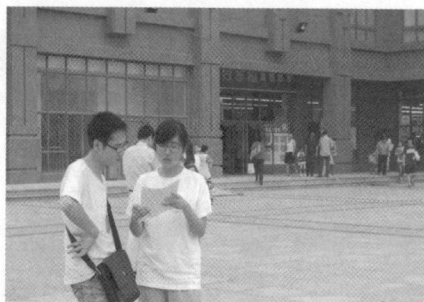

图 3.4-4  团队成员在合家福超市门口做低碳生活问卷调查

## 二、"免费午餐"系列活动进校园

### （一）活动背景

"免费午餐"是由邓飞等 500 多名记者和国内数十家媒体联合中国社会福利教育基金会发起的公益项目。该项目倡议为贫困地区每个学童每天捐赠 3 元提供免费午餐。它致力于帮助因家庭贫困而没有钱享受营养午餐的学生，同时呼吁更多爱心企业和人士加入活动中，通过社会捐助的力量，对一些贫困山区学校简陋的厨房条件予以改善。

"免费午餐"公益项目 2011 年 4 月 2 日正式启动。从 10 月 18 日开始，江淮晨报社联合中国社会福利基金会，全面开启安徽区免费午餐公益项目。安徽地区免费午餐计划的启动，意味着安徽已成为继甘肃、贵州、四川、湖北、陕西等地之后，我国第11个推行免费午餐的省份。

在校大学生没有太多的经济能力参与捐款活动，真知创新中心希望用一种更能让大学生接受，也更加有意义的方式来参与到"免费午餐"的公益活动中来。真知特地组织了一次义卖活动，让同学们在参与义卖的活动中感受公益的力量。

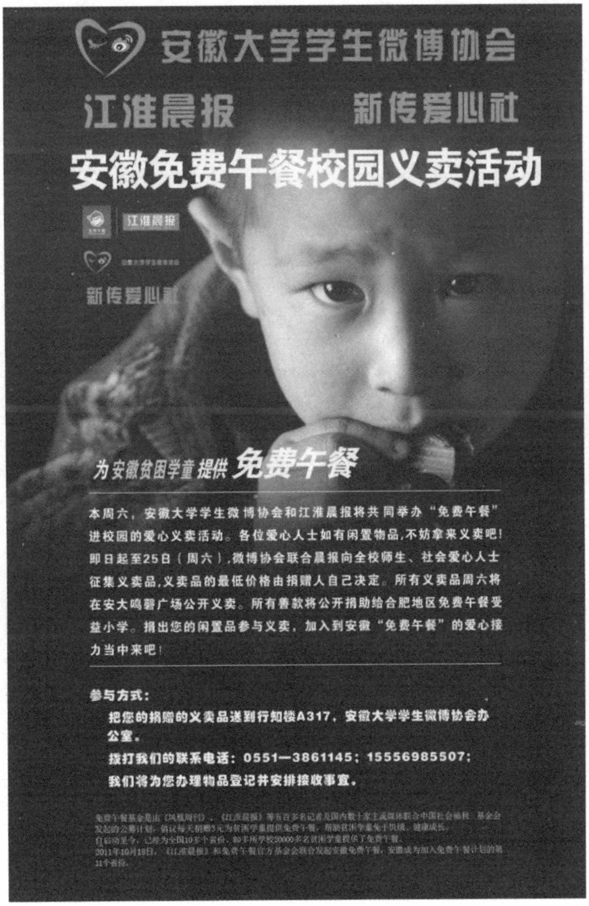

图3.4-5　免费午餐义卖活动

安徽大学新闻传播实验教学中心真知创新中心开展了"免费午餐"·安徽大学义卖活动，与江淮晨报社联合主办，安徽大学新传爱心社积极响应参与的公益活动。活动将由江淮晨报社收集社会人士募捐的义卖品，安徽大学学生微博协会收集安徽大学学生募捐的义卖品，义卖品由募捐人自己标明最低价格。募集来的义卖品将在安徽大学磬苑校区磬苑广场上进行义卖。活动现场还将通过播放宣传视频、写祝福墙对"免费午餐"进行宣传。义卖来的资金将全部捐给合肥市"免费午餐"的受益小学。

### （二）活动日记

**2012 年 2 月 23 日**

今天我们收到了安大同学捐赠的义卖品几百件。虽然天气阴冷，但是安徽大学学生微博协会的同学在寒风中坚持了一整天。安徽大学10 级计算机专业 5 班的同学也主动加入我们的爱心接力中来，进行班级统一的收集义卖品活动。

图 3.4-6　义卖活动现场（1）

**2012 年 2 月 24 日**

安徽免费午餐校园义卖活动桂园食堂宣传活动第二天，感谢各位同学的支持，我们收到了许许多多的爱心物品！计算机院余涛同学还为活动提供了无线路由器。

图 3.4－7　义卖活动现场（2）

## 2012 年 2 月 25 日

义卖现场来了一位热心的市民，带着自己的孩子，向我们义卖活动捐赠了一副银质首饰。这位热心市民不仅自己积极参与爱心公益活动，还身体力行，用自己的实际行动为孩子树立了一个好榜样。

图 3.4－8　义卖活动现场（3）

午饭时间已经到了，义卖现场的真知网工作人员，在寒风中吃着已经冰凉的午餐。但是想到贫困地区的孩子们，能因为每个热心公益、积极参与"爱心午餐"活动的人的爱心与奉献而吃上一口热腾腾的爱心午餐，工作人员的心里就充满了干劲儿。义卖现场依然不断有爱心人士前来捐赠。

图 3.4 - 9　热心市民捐赠现场

下午在我们的活动现场，赶来了一群"免费午餐"的志愿者们，他们给我们带来了许多义卖品，同时他们也热心地为义卖活动添砖加瓦，自愿认购了许多义卖物品。之前的一套精美茶具和一套银质首饰就在其中。让在场的工作人员十分感动的是，一位志愿者义捐了一箱刚刚买来的牛奶，随后同行的另一位志愿者出价 100 元买下了这箱牛奶，并分发给在场的的工作人员。

**2012 年 2 月 25 日**

我们的义卖活动已经结束了！5 个捐款箱已经贴上封条，晚上将会清点所有善款总额。所有的善款和接受的捐赠物品都将用于爱心捐赠。

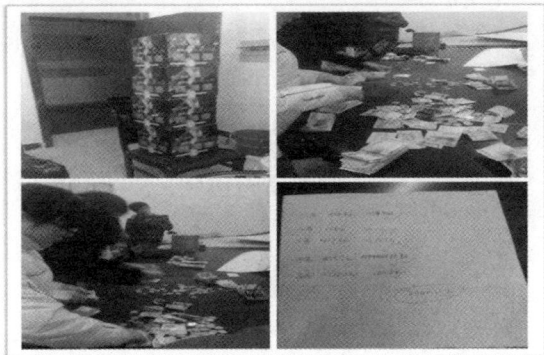

图3.4-10 清点义卖活动善款

在初步清点完毕善款后，一位同学在行知楼317办公室，买走一支笛子。因此我们的善款又增加了20元，目前为5460.2元。

## 2012年3月1日

由安徽大学学生微博协会和江淮晨报社主办，安徽大学新闻传播学院爱心社协办的"免费午餐"活动虽然已经结束，但爱心精神永不过时；也在此衷心感谢献爱心的人们！

图3.4-11 爱心捐赠

由安徽大学学生微博协会和江淮晨报社联合举办的"免费午餐进安大"活动，目前共募得捐款5460.2元，其中2000元汇入金寨王河小学，余下3460.2元汇入金寨龙冲小学。余下的募捐物资由免费午餐的志愿者从安徽大学微博协会办公室取走交予江淮晨报社。

图3.4-12  主题晚会海报

### "免费午餐"后续活动

2012年12月11日晚7点，大学生活动中心多功能厅举办真知网成立3周年"成长的记忆"主题晚会暨免费午餐启动仪式，回顾3年来的成长足迹。

安徽大学真知创新中心携手新传爱心协会在鸣磬广场举行安徽大学"免费午餐"主题活动。每参与完成一个活动，就有爱心企业为贫困儿童捐1元钱，并且还能在签名墙上留下你的爱心留言，用温暖的语言和切实的行动，为贫困地区的儿童们，送去自己的一份爱心。

图3.4－13　主题活动

## （三）活动效果

免费午餐——安徽大学义卖活动，由安徽大学学生微博协会和江淮晨报社联合主办，由江淮晨报社收集社会人士募捐的义卖品，安徽大学学生微博协会收集安徽大学学生募捐的义卖品。安徽大学学生微博协会新浪官方微博、江淮晨报社新浪官方微博、"晨报社区"论坛对本活动进行宣传，《江淮晨报》对公益活动进行报道。安徽大学学生们积极响应、纷纷参与义卖活动，充分激发了爱心和社会责任心。

图 3.4－14　《江淮晨报》报道一　　　图 3.4－15　《江淮晨报》报道二

## 三、"真知奖学金"简介及规章

为鼓励安徽大学新闻传播学院学生勤奋学习、勇于实践，充分发挥自身特长和专业才能，实现培养 21 世纪高素质、高层次、多样化、创造性骨干人才的目标。"真知网"老成员（真知传媒暨原新闻传播实验教学中心学生自主管理中心）及新闻传播学院毕业优秀校友发起成立"真知奖学金"（设综合奖学金和知星奖学金两类）。

（一）筹集、设立和管理

安徽大学新闻传播学院"真知奖学金"管理委员会是筹集本奖学金的常设机构，由安徽大学校友会、新闻传播学院副书记和副院长、真知网老成员代表、新闻传播学院学生会主席团成员代表等组成。

下设奖学金管理委员会办公室，成员 3～5 名，由新闻传播学院在读学生组成，负责申请奖学金材料的收集、上报与初审等相关工作。

（二）评选范围 奖励标准 评选条件

1. 评选范围：安徽大学新闻传播学院在读的本科生、研究生。

2. 奖励标准："真知奖学金"以学年度为单位，每年评选出 1～4 名获奖学生，给予每人一定金额（不少于人民币 2000 元）的奖励，并颁发荣誉证书。（奖学金金额和名额根据每年募集资金情况适当调整，并经"真知奖学金"管理委员会批准）

3. 评选条件

（1）基本条件

① 深入学习习近平新时代中国特色社会主义思想，热爱祖国，拥护中国共产党的领导；

② 遵守宪法和法律，遵守学校及新闻传播学院的规章制度；

③ 自信自立自强，积极向上；

④ 积极参加学校和学院组织的各项社会实践活动。

（2）具体条件

① 综合奖学金：面向新闻传播学院所有在校生。奖励全面发展的优秀学生，要求参评学生学习态度端正，得到师生公认，积极参加校内外传媒实践活动，取得相关实践成果。

② 知星奖学金：面向本年度在真知任期满一年的在校生。奖励在真知传媒取得优异成绩的学生，要求参评学生在职期间遵守真知传媒内部的组织规范，积极参加内部活动，实践能力突出，并获得师生的广泛认可。

③ 一人只可申请一项奖学金。

（三）评选程序

奖学金评选程序如下：

1. 个人申请。每年的 11 月 11—18 日 24：00，由学生提出书面申请，同时提供实践证明等相关材料（实践证明另起文件夹），提交至邮箱 1332867797@ qq. com。

2. 同一年 11 月 19 日，在新闻传播学院网及真知网传媒矩阵公示申请人名单，预防有遗漏或者信息错误的情况。

3. 真知奖学金管理委员会办公室审核。办公室根据本办法和有关文件精神及选拔标准，对申请人的相关情况进行审核，符合条件的，向真知奖学金管理委员会推荐。

4. 安徽大学新闻传播学院"真知奖学金"管理委员会根据所推荐学生的情况召开评审工作会议，形成初步人选。评审结果公示无异议后确定获奖名单，公示时间不少于 5 个工作日。

（四）2020 年第一届真知奖学金评审新闻

（本网讯　李睿涵）12 月 5 日中午，2020 年第一届真知奖学金在线上展开评审工作。本次评审由真知奖学金办公室成员程晓雅主持，新闻传播学院副院长崔明伍，教师国秋华、刘洪权、罗锋、佘文斌、束秀芳、岳山以及真知老成员晁圣林、真知代表张明婧共 9 人组成评审团参与评审。

首先，将各参评同学的证明材料进行了公示，并公布了真知奖学金的评审流程和细则。真知奖学金下设综合奖学金和知星奖学金，综合奖学金面向新闻传播学院全院在读学生，知星奖学金面向真知创新中心任期满一年的在读学生。原定综合奖学金、知星奖学金各一个名额，每个名额 2000 元奖金，共计发放 4000 元；本着鼓励新传学子实践创新的理念，综合奖学金、知星奖学金的名额由每个奖学金各一个名额提升为每个奖学金各两个名额，共计发放 8000 元。之后，评审团的各成员对各参评同学的实践经历和实践成绩进行了审阅，并分别在评审表中对各位参评同学进行了评分排序。

岳山老师作为真知奖学金的发起人之一，在本次评审过程中也感受到了同学们一直以来积极投身于实践的热情。他也对真知奖学金的作用发挥表达了期许："许多学校都会强调学生关心母校，不过学生毕业后对母校的感情，是漠然还是充满感恩，往往才说明了真相。真知奖学金来源于老成员和校友的捐赠，希望获奖的同学们能够把奖学金创立的公益初心传承下去，未来树立志向，去帮助更多的人。"

12月10日晚，经过对各评审成员所提交评审材料的统计，第一届真知奖学金综合奖学金的获得者为吴思娴、王慧瑄，知星奖学金的获得者为吴雅静、刘雨晴。2020年第一届真知奖学金评审工作圆满结束。

真知奖学金的创办和评审意义重大；少有以学生组织为名义建立的奖学金，这充分展现了真知创新中心的公益性以及对人才培养的重视。

（真知网微信）

# 第四章　真知作品集

在长期的学生媒介实践中，真知矩阵平台涌现出大量优秀的全媒体作品。下面选取了近两年来的部分优秀作品展示。

## 第一节　微信作品

真知微信部主要负责发布真知网的微信推文，推文发布时间是每周一、三、五、日。发布内容主要为传媒类资讯，紧跟社会热点事件与最新传媒动态，力求最新、最全。

**优秀作品推荐**

（一）《集福｜同学！我们加一下支付宝好友吧》

在每一年的年底支付宝总会兑现一些心照不宣的承诺。自 2016 年春节开始，支付宝线上的"集五福"的红包活动每年都会在社交网络呈现刷屏模式，突然就有很多人加支付宝好友，求送福，在各种春节年画、别人家门口扫福，甚至把手机里早已存好的"福"字照片调出来扫描。

图 4.1－1 真知优秀微信作品（1）

图 4.1－2 真知优秀微信作品（2）

### （二）《思考｜当舆论监督遇上司法绑架，是拯救于欢还是网民自我狂欢?》

2017 年 2 月 17 日，山东聊城市中院一审以故意伤害罪判处于欢无期徒刑。2017 年 3 月 23 日，一篇名为《刺杀辱母者》的文章首发于《南方周末》，随即各大媒体转发、评论、报道，在网上引起了轩然大波。于欢事件持续发酵，舆论几乎一边倒地站在了于欢这一边。在热点事件的讨论中，很多网民会采用激烈的语言进行情绪化表达。当舆论监督遇上司法绑架，是拯救于欢还是网民自我狂欢?

### （三）《"王者荣耀"｜今晚我们只谈游戏，不说学习》

近年来，电子竞技迎来了前所未有的蓬勃发展，同时也迎来了社会舆论对其空前的诟病。"王者荣耀"就是其中一款非常火热的网络手机游戏，颇受广大游戏爱好者的欢迎，打排位、攒金币、凑铭文……但是，"王者荣耀"导致很多青少年沉迷其中，学习、视力等各个方面都受到严重的影响，这篇推文不和大家说学习，我们一起来聊聊游戏。

图 4.1－3 真知优秀微信作品（3）

## （四）《我想用"一张卡"陪你度过安大的漫长岁月》

临近毕业季，学校都会发出一则通知，通知上说明即将冻结毕业生的校园卡借书权限，停止转账圈存，停止所有相关业务，实行校园卡销户。毕业近在咫尺，曾经与你相遇，是我大学四年最美的回忆，曾经与你走过的地方，是我大学四年最留恋的场景，曾经根本没想过会遇到你，曾经也没想过，一张小小的校园卡，记录了我们这么多的曾经。我想对你说，谢谢你，陪我度过了安大的漫长岁月。

图 4.1-4　真知优秀微信作品（4）

## （五）《〈中国有嘻哈〉｜你的男孩到底怎么了?》

《中国有嘻哈》是爱奇艺 2017 年推出的首档大型 Hip-hop 音乐真人秀，该节目仅仅开播几个月就捧红了一大批的地下说唱歌手。其中"你的男孩 Tizzy T"（简称 TT）更是以其阳光健康的邻家男孩形象受到广大女粉丝的热烈追捧。随着其知名度的曝光，一些关于他与女粉丝发生不正当关系和吸毒的负面新闻也被网友们扒了出来。这不禁让人想反问一句：《中国有嘻哈》，你的男孩到底怎么了?

图 4.1-5　真知优秀微信作品（5）

# 第二节 视频作品

2017 年，真知视觉中心创办"尼玛"系列短视频栏目：《尼玛真有料》《尼玛真能说》《尼玛真好吃》。不同于之前随机拍摄、类型不定的模式，从 2017 年起真知创新中心有自己的视频专业品牌和明确的风格类型，能够让大家有一个内容生产方向。《尼玛真有料》《尼玛真能说》一经播放，点击量飙升，节目效果良好。此外，安徽大学真知网还是活跃在学校新闻和宣传战线的一支主力军，本着认真、负责的工作态度，积极参与了校园活动的报道。

**优秀作品推荐**

**（一）《安徽大学第五十七届田径运动会开幕式航拍》**

恰同学少年，风华正茂，挥洒汗水，激扬青春。这个春天的热血狂欢已结束，但运动的步伐绝不会停止！即使天气微凉，但这场盛会的全体参与者们——无论场内场外，还是台上台下，

图 4.2-1 真知优秀视频作品（1）

都依旧热情高涨、熊熊似火；北体上空呐喊助威的声音仍旧响彻云霄、余音不绝。

**（二）《鬼畜看校运——安徽大学第 55 届田径运动会》**

作为一支活跃在学校新闻和宣传战线的主力军，每年的校运动会自然不会少了真知网的精彩表现。第 55 届校运会时，视觉中心首创制作了鬼畜看校运的视频，

图 4.2-2 真知优秀视频作品（2）

在腾讯视频平台的播放量达到 3976 次。首次采用鬼畜剪辑元素的校运会视频，博得同学们的喜爱，同样也扩大了真知在校内的影响力。

### （三）《小黄车公益短片》

近些年来，共享单车在不少城市普及开来，"随骑随走"的模式大大方便了老百姓的出行。但也有人说共享单车是一面国民素质的照妖镜，这些原本应该被停放在路边，等待有需要的人使用的自行车，有时却出现在了马路中央、河里、树杈上，四肢不全，遍体鳞伤

图 4.2-3 真知优秀视频作品（3）

……真知网就针对小黄车的这些问题出了一期公益短片，旨在唤醒人们的保护意识。

图 4.2-4 真知优秀视频作品（4）

### （四）《寻味安大——红油饺子》

每个人的大学时光里，都有自己最爱去的食堂，都有自己最中意的小店，平时是那么不起眼，但毕业时才发现，离开了就再也吃不到了，这时候才恍然大悟，原来大学也就四年。对于安徽大学老区的学生来说，红油饺子定是难忘的校园记忆。饺子馆与安大相伴 24 年，一碗水饺、一碟红油是多少安大人魂牵梦绕的味道，那是安大的味道。

### （五）《二次曝光——深秋》

"自古逢秋悲寂寥，我言秋日胜春朝。"秋，自古以来就被人赋予众多意象，四季轮转，悄然间便与秋不期而遇。有一种美，叫安大的秋天！安大的秋天，没有北国的那般凄凉，没有南方的那样温和，有的只是别样的故事、别样的静谧时

图 4.2-5 真知优秀视频作品（5）

光。在这个美丽的季节，让我们一同跟随镜头，看一看二度曝光下的安大深秋。

### （六）《此去经年　不言再见》

你总说实习遥遥无期，转眼各奔东西，从天南海北来，又到天南海北去，一条条不平行的线，交叉之后慢慢远离。伤感的毕业季，多少离别和不舍让我们

图 4.2-6　真知优秀视频作品（6）

动容，或许我们可以少一些伤感，因为每一次离别，都对应着另一场初遇。安徽大学真知网，为大家倾情制作了一部微视频《此去经年　不言再见》，献给拥有共同美好记忆的安大学子，愿前程似锦，平安喜乐；愿时光灿烂，未来可期。

# 第三节　空间作品

真知采编部始终坚守线下采访的传统，发现问题，解决大学生的困扰，为学生提供了一次又一次采访的机会，在老师和学姐的带领下，采编部成员不断提高自己新闻采、写、编、评的能力。真知采编部盛产高质量的新闻作品，不仅关注安大的校园生活，还将视野扩展至全国高校及社会中，真知采编部的作品多发布于 QQ 空间上，采编部成员的稿件曾被推荐发表于《中国青年报》上。

图 4.3-1　真知优秀空间作品（1）

**优秀作品推荐**

### （一）《封路之后　在挡板外生存》

位于合肥大学城片区的主干道九龙路将改造升级，安徽大学后勤管理处为

确保学生安全，发布了将正对九龙街的学校西门与北门完全封闭的通知，九龙街封上了最后一块挡板。受此影响，原本人流密集、学生出入频繁的九龙街商铺变得异常冷清，且都出现了不同程度的营业额下滑。可这修路引起的损失，究竟该由谁来买单呢？

**（二）《微博平台抽奖：公平？运气？营销？》**

你参加过新浪微博的抽奖活动吗？随着移动互联网的蓬勃发展，开始兴起了全民参与的抽奖活动。新浪微博作为当下重要的新媒体平台之一，吸引着上亿的海内外用户及企业使用，如今微博抽奖活动已成为常态，微博现象的"锦鲤热潮"开始在微博席卷开来。那么微博抽奖平台的机制是怎样的？抽奖过程是否公平？微博抽奖是否存在暗箱操作？

图 4.3-2　真知优秀空间作品（2）

**（三）《考前贩卖四六级答案：诈骗还是泄题？》**

大学英语四六级考试是教育部主管的一项全国性的英语考试，每年参加英语四六级的考生人数都有数百万人。随着四六级证书越来越被学校、用人单位所认可，不少学生都希望能够顺利通过英语四六级考试，不少人因此动起了歪脑筋，企图依靠泄露、贩卖四六级英语试题和答案获利。近年来，媒体对其报道也是屡见不鲜，但为何四六级考试答案贩卖"生意"却仍如此明目张胆呢？

图4.3-3 真知优秀空间作品（3）

## （四）《ofo单车疑向网贷平台导流，用户深陷退押困境》

自2018年下半年开始，共享单车领域就开始进入寒冬期，各种各样的共享单车平台接二连三地倒下。作为共享单车的始祖，小黄车看着也挨不过这个寒冬了。ofo单车疑向网贷平台导流，很多ofo用户遇到了押金难退的问题，虽说ofo承诺15个工作日到账，但不少网友反映ofo并未兑现承诺。

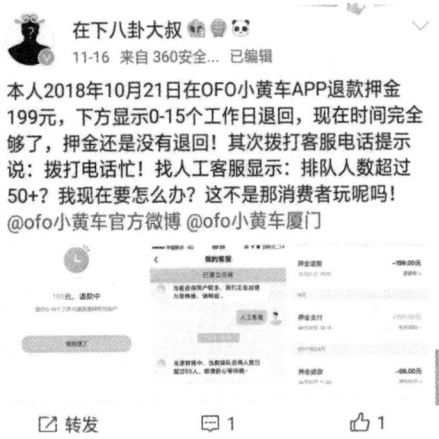

图 4.3－4　真知优秀空间作品（4）

## （五）《扫码领支付红包　垃圾短信方暗中获利》

"赚钱红包"是支付宝为了奖励线下商家推广移动支付而推出的一项活动，但一些别有用心的人利用伪基站群发领红包码的短信，打着支付宝的名义薅支付宝羊毛的赏金，这很容易让人以为是支付宝官方针对活动发的推广信息，然而这只是一些人钻空子，垃圾短信方从暗中获利。

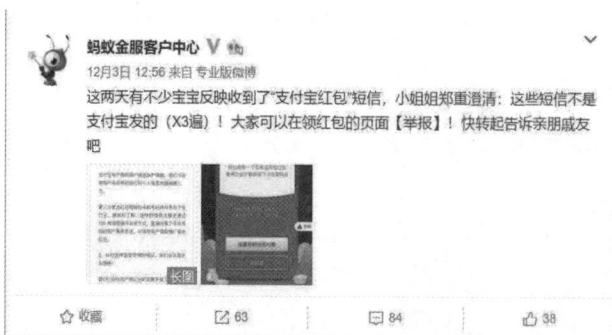

图 4.3－5　真知优秀空间作品（5）

# 第四节  文字作品

## 真知网成员在《中国青年报》上发表的文章

### （一）网上追星消费花样多 专家提醒谨防上当

今年以来，大一学生思琪（化名）在 QQ 空间一共发了 54 条原创"说说"，其中 41 条都与偶像有关。

年初，一档偶像真人秀节目在某视频网站播出后风靡一时。被节目里的偶像吸引，她"路转粉"了。参赛偶像的成绩由线上投票与现场排名票数相结合决定，在规定日期内，网站用户可以通过投票通道对心仪的偶像投票。

思琪每天为偶像投 150 票，这要花上 1 个小时。因为操作过于频繁，她的手机常常卡顿，无法登录网站。由于害怕手机因此"瘫痪"，思琪每天都要卸载再重装网站 App 好几次。节目播完，偶像开始巡演。思琪所在的粉丝群里，有很多人决定去看巡演，她也在默默攒钱，希望可以去现场见见偶像。

#### 为偶像打 call 五花八门

线上刷票只是粉丝日常追星的一部分。投票网站的账号能在淘宝上大量购买，普通账号和 VIP 账号价格不等，而购买账号所用的资金来自粉丝的"集资"。

在线下，有专门的粉丝"集资群"，群里有专门的管理人员对资金进行管理，所集资金用于购买投票网站账号，制作明星海报、立牌等。

宝姐（化名）前后花了两万元为偶像买账号和水票。对于"集资"，与宝姐同属一个偶像后援会的子禾（化名）说，"'集资'不管多少都可以，一分钱两分钱都是对偶像的心意。"

"有钱出钱，有力出力"是投票小组的"宗旨"。刚上大学不到一年的艳芬（化名）追了某偶像男团成员两年多。她参与过每日转发明星微博等活动，在她看来，微博"控评"（通过点赞评论来掌控微博热评——记者注）要尽量用带图评论，文案要有质量。

艳芬介绍，除票数外，网站"直拍"（即表演时针对单个选手进行的拍摄——记者注）的播放量、微博评论、排行榜等都成为粉丝的"必争之地"。而"直拍"与投票一样，也有自己的"快捷方式"，粉丝可以通过改变播放设置、登录多个浏览器等方式，让电脑自动重复播放视频，为偶像"打 call"。

近日，大学生张小欣（化名）把 QQ 字体换成了某男子演唱团体成员的"手写字体"。追星路上，她为偶像的生日应援"集资"过，也刷过中国、韩国的各种娱乐排行榜单，还专门买了各种视频网站VIP，只要偶像"露脸"的节目，她必然"追到"。

18 岁大学生李昂（化名）的偶像没能从综艺节目里顺利"突围"，这让她很伤心，"我到现在还不能接受这个结果，有天曾哭得'喘不过气'，现在好多了，就是心里'堵得慌'"。

在偶像比赛期间，李昂在一个有 1000 多位粉丝的投票组担任管理员，每天至少要值班 3 个小时，"自从管理投票后就没有午睡了，晚上再也没有早睡过"。

## 综艺节目有责任引导青少年理性追星

"追星也算打开我的眼界吧，我获得了一种'自我感动'，从偶像身上汲取正能量。"李昂认为，"粉丝圈很可爱，同担（一同追星的人——记者注）是偶像之外最能支撑、吸引我坚持下去的因素"。

"我有一个闺蜜，她追星之后我们的共同话题少了好多，以前天天聊天，现在聊不到一块儿。她经常给我发好几个综艺视频链接，我根本不会打开看。"大二学生雨欣（化名）觉得追星太疯狂不合适，学生应该首先把自己的事情做好。

有时候，雨欣看到闺蜜因为偶像失利难过得大哭，觉得这样"很不值得"，"我觉得追星的前提是要把自己变得更好，不要让追星影响到自己的情绪。"

"我会看一部好的电影、电视剧，也会喜欢里面的演员，但我不会把他当成偶像狂追。现在当红的'小鲜肉'明星，我也不感兴趣。"从来没追过星的大学生张薇（化名）身边有追星的同学朋友，就像"着了魔"，她不能理解他们为何会这么喜欢一个不认识自己的人。

追星多年的艳芬觉得自己一直都"安分守己"，顶多在草稿纸上写写偶像名字，偶尔逃课回宿舍看偶像的生日会直播。

"我家人不能理解疯狂追星行为，认为这样连点儿'自尊'都没了，所以我一般不跟父母聊偶像。"艳芬喜欢跟同学、朋友分享追星心得。

"年轻人有社交和情感需求，在一群人的社交过程中，需要某种主题作为共同话题，明星的某些特质刚好满足了年轻人共同的社交需求。"安徽大学社会与政治学院副教授王云飞认为，追星不能影响到个人、家庭和他人的正常学习、生活，追星也只是部分年轻人生活中一个"阶段性的插曲"，随着年龄的增长，这一热情便会消退。

安徽大学新闻传播学院教师胡昭阳认为，综艺节目吸引粉丝，发挥了大众传媒的"娱乐"功能，但同时也应该加强"涵养培育"的功能，引导青少年理性、适度追星。

"明星作为公众人物，其'吸粉'能力极强，容易收获粉丝忠诚度。粉丝追求与明星之间的情感联系，追求社群内部的情感联系，这是可以理解的。"安徽大学经济学院教师陈旸同时提醒，年轻人追星需谨记两点：一是人与人之间的关系是复杂多样的，粉丝群中的社交有局限性，生活中有更多东西值得年轻人去学习、探索和追求；二是粉丝线上消费时，请擦亮眼睛，不要上当受骗。

图 4.4-1  http：//mzqb. cyol. com/html/2018-05/11/content_ 250113. htm? from＝groupmessage

## （二）年轻人"刷"短视频时究竟在"刷"什么

"像一颗海草海草海草海草，浪花里舞蹈……"每天晚上寝室熄灯前，出生于 2000 年的大一学生陆千禧都会躺在床上，打开一款名为"抖音"的音乐短视频软件，紧盯手机屏幕上轮番转换的歌曲和舞蹈，频频用手指滑动和点击，不时笑出声来。

2017 年下半年，陆千禧成为一枚"豆芽"（抖音迷），每天"刷"短视频成了她生活中极大的乐趣。同时，她也尝试自己拍摄上传了 20 多个舞蹈视频，大多是节奏感强、简单易学的舞蹈，但她的粉丝数并没有超过自己的关注数。

当下流行的大多数短视频应用里，用户可以上传自己拍摄的短视频。买菜做饭、体育训练、舞蹈教学、家庭聚会……任何内容都可以"搬"到网上被陌生人"观赏"。

近年来，以快手、抖音等为代表的短视频应用在青年群体中日益火爆，已成为很多人生活中的一部分。抖音产品负责人曾表示："抖音 85% 的用户在 24 岁以下，主力达人和用户基本都是 95 后，甚至 00 后。"

## 像零食一样

12 岁的小芊语（化名）在抖音上的粉丝量高达 260 万，这个从幼儿园就喜欢跳舞的小女孩自去年 7 月开始玩抖音，起初将自己学习爵士舞的视频上传，有时也表演手指舞。其中一个舞蹈视频曾在一夜之间让她涨粉百万，她从此便"火"了起来。

"因为操作简单，可以配乐，拍起来又方便又好看。"她说，自己更愿意沉浸在简单的视频拍摄中，和陌生人分享快乐。除了擅长的舞蹈，这位小姑娘偶尔也喜欢模仿拍摄幽默的生活视频，她会在买橙汁时配合"喝前摇一摇"的广告语，让身体进入抖动摇晃状态，摇完后喝一口橙汁，眉头一皱说："喝了感觉是不一样，有点晕。"

小学六年级的小雪莲（化名）只有周末才能在抖音里看到她心爱的"手指舞"。完成功课之余，她被家人允许适当观看一些小朋友才艺展示的短视频。而她的母亲平时也会看看视频里的一些生活小妙招，学习诸如做菜和编头发的技巧。

22 岁的小舟（化名）是某师范院校英语专业的大学生，众多短视频应用中，她看快手多一点。"短视频时间不长，各有特色，就像零食一样，算是枯燥生活的'调味剂'。"她觉得，年轻人生活环境不同，喜好不同，因此关注不同的视频内容。

"网上有人觉得快手里很多乡村的内容很低俗，我反而认为聚焦农村生活，能让原本'沉默'的一群人可以发出自己的声音。"小舟的老家在安徽亳州农村，快手里的部分内容会让她产生"似曾相识"的熟悉感。

她在快手里看看"工地最美夫妻"的视频，观看小朋友们吃饭的场景，还会在 B 站（视频弹幕网站 BILIBILI 的昵称）看古典舞、民乐、戏曲，但只要发现自己上了瘾，无法专心学习，她就会卸载相关应用。

"因为时间宝贵，没法做到花几个小时集中注意看一个视频，所以通过电视剧、游戏解说、演唱会集锦等各种短视频，来获得我想要的信息。"安徽医科大学学生汪志豪喜欢在 B 站搜索短视频，他每周都会按时收看一些更新栏目。

## 有人乐在其中，也有人觉得失真

24 岁的乡镇公务员小金（化名）觉得工作略显枯燥，她觉得下班后刷刷短视频可以为生活找点乐子。她没有固定观看的内容，只是随手刷新一下，平台推荐什么就看什么，有小孩子"出镜"的视频她会多瞅几眼。

每隔一段时间，就会有不同视频应用"火"起来，银行职员阿倪（化名）对此习以为常。他是短视频的忠实观众，秒拍、内涵段子、快手、抖音等，他都下载过。他觉得，睡前看一会儿短视频，可以适当缓解压力、打发时间。结束一天的工作躺在床上，往往是短视频里的搞笑桥段伴他入睡。

大学生唐云鹏和张翰是游戏科普视频的忠实观众，他们利用课后和睡前的零碎时间刷刷内涵段子和抖音。他们觉得，短视频软件是生活中"不可缺少"的东西。

"我平时看趣味配音视频，很多搞笑的内容都是平常生活的反映。"安徽外国语学院一名 21 岁的学生说，"解闷"是自己看快手视频的主要原因，对于一些内容"夸张奇怪"的视频，他则不太感兴趣。

福州大学学生闻丹丹不太能理解身边沉迷于短视频的同学，她说："我不想因为单纯看短视频而下载一个 App。况且里面很多舞蹈套路是重样的，天天看容易有审美疲劳。"

尽管身边的朋友百般推荐，1998 年出生的龚丽丽也从没下载过短视频软件，"我觉得它的娱乐性太强了，每个人都可以在上面展现自己，毫无形象地笑，毫无顾忌地哭，这样反而太'情绪化'，以至于'失真'，只能够带给人暂时的心理愉悦。"她还认为，部分视频有刻意迎合受众之嫌，她希望看到更真实更自然的东西。

20 岁的大二学生付怡璇也从不关注短视频软件，只有同学将视频分享给她时，她才会点开看几眼。平时，她喜欢读书，看英文影视剧集。她并不排斥短视频，只是觉得整天刷视频会消耗大量的时间，沉浸在一种"不真实的美好"里。

## 满足被理解、被认可的社交需求

短视频领域的一个现象是，除了做观众，许多年轻人还会自发去体验。当有人拍摄自己购买某款产品或体验某处旅游的视频，往往能引发观众的"效仿"。比如，一些喜欢玩游戏的人，在看到视频里有人使用"游戏神器"，会立即去购买试用。

"小猪佩奇身上纹，掌声送给社会人"流行开来后，看到视频里有人佩戴"小猪佩奇社会人手表"，大一学生鞠东伯和林佳燊觉得很新奇时髦，便立即花 26 元网购了两个同款产品。这种"手表"并无计时功能，只是一种奶糖食品。他们发现，因为购买人数太多，卖家迟迟没有发货。

中国科学技术大学科技传播与科技政策系博士研究生李雅等认为，在物质相对充盈的生活背景下成长起来的"95 后"和"00 后"，更看重对个性化趣味和对美的追求，触媒习惯呈现碎片化趋势。而当下短视频的"个性、好玩"等特点刚好满足了这代人不喜欢随大流、追求个性化的特点。他们通过短视频的创作分享来满足被理解、被认可的社交需求，这种需求相较于之前的一代人可能更为迫切。

安徽大学传媒类实验教学中心副主任、网络与新媒体专业教师岳山认为，近几年短视频应用之所以广受青少年欢迎，是因为视频内容贴近年轻人群的潮流文化，视频平台利用和迎合年轻人碎片化的观看需求来制定产品策略，"满足用户快速表达的欲望和社会化传播需求"。

抖音公司相关负责人告诉中国青年报·中青在线记者，除了技术层面的创新，抖音这类短视频应用满足青少年表达和展示自我的需求，让他们获得"精神享受"，从而在用户间引发共鸣，带来自发传播。

安徽大学社会与政治学院副教授王云飞则认为，现在年轻人工作和生活节奏加快，短视频某种程度上让年轻人从海量的信息中解脱出来，既让他们感到休闲轻松，也让他们获取想要的信息，因此赢得年轻人的青睐。

此外，王云飞觉得，年轻人喜欢晒短视频里的同款产品，既是一种炫耀，也是一种个性化表达。但炫耀性消费容易导致攀比之风，值得警惕。近期，有媒体曝出部分短视频应用中存在"卖假货"的现象，年轻人应该谨慎消费。

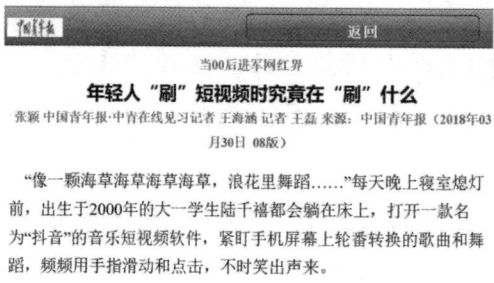

图 4.4－2  http://mzqb.cyol.com/html/2018-03/30/content_ 248332.htm?
from＝singlemessage&isappinstalled＝0

## （三）编程"小白"创办失物招领平台

5月25日，"小白公益"团队的"暖寻"，从全国300多所高校的1万余名学生报名参赛者中脱颖而出，获得2018阿里云校园公益极客挑战赛决赛冠军。

怀揣着"寻一份失物，暖一片人心"的公益理念，2015年，安徽工业大学在校生吴胜斌、应万明、熊刘华、李涛创建了"暖寻"——一个为大众服务的在线失物招领平台。该平台依托支付宝小程序，致力于提供方便、快捷的寻物启事发布及失物招领服务。

"当失主们对我们说一声'谢谢'，当我们的平台被更多人知道并夸赞的时候，我都感觉坚持将这个平台做好真的很值得。"吴胜斌说。

"我当时丢了一辆自行车，想找回来但无从下手。"2014年，吴胜斌碰到了大学生中很常见的难题。就在他一筹莫展时，一位同学告诉他，学校有一个失物招领的QQ群，建议他到那里去问问。满怀希望的吴胜斌在那个QQ群里发出寻车信息后却石沉大海，没有回应。

不久后，吴胜斌看到一条微博，"全国的车站和失物招领中心积聚了很多失主丢失的身份证、银行卡、钥匙等物品，但无人前来认领，总计数量达几百万。那条微博很多人转发，但没有人提出具体的解决办法。"吴胜斌想起自己丢自行车的经历，下决心创建一个公益失物招领平台，在茫茫人海中"连接"失主和失物。

说干就干，2015年，"暖寻"团队正式组建。吴胜斌、熊刘华负责平台开发，李涛负责平台运营，应万明负责品牌推广。

"我大二时在计算机设计大赛上遇到吴胜斌学长，他说起创建在线失物招领平台的想法，我觉得很有意思。"应万明说，加入团队后，发现平台开发并没有想象中那么简单，技术问题是最大障碍，"我们都学机械专业，在编程方面相当于一群'小白'，什么也不懂。"

团队多方打听，也请教过很多计算机专业的老师，并找来了计算机学院同学当"救兵"。但随着平台开发到一定程度，还是遇到了技术瓶颈，进行了3个月的项目开发后，不得不将其搁置。对于4个学生来说，这是个不小的打击，"就像被泼了一盆冷水"。他们并不甘心，更没有放弃。

吴胜斌和熊刘华开始每天自学软件开发和编程，一个钻研前端开发，一个专攻后端开发。在吴胜斌看来，一定时间内，只可能把一件事情做好，他告诉自己不要急躁，"自学一段时间后，我去找了一份跟产品开发相关的实习，边工作边学习。"从不知道如何下手到一次次思考总结，他们通过一年多尝试和积累，2016 年年底，团队终于具备了开发"暖寻"平台的技术能力。

解决了基础的技术问题后，应万明等人开始考虑信息安全以及品牌推广问题。"在平台运营中，用户的信息安全尤为重要，要防止不法分子利用平台上失主留下的信息进行'骚扰'。目前我们利用支付宝的芝麻信用，每个人登录平台的时候都要通过芝麻信用授权，实名认证后方可登录平台。"应万明说。

他们将平台和高校许多爱心公益组织进行对接，以加强品牌推广。"暖寻"平台的成功运营得到了校方的许多支持，团队通过申报大学生创新创业项目，获得学校工程实践与创新教育中心提供的资金支持、校就业指导中心创业导师的支持等。

目前，"暖寻"注册用户 12.3 万人左右，覆盖支付宝小程序、微信小程序，还有专门的 H5 网页，主打高校用户市场。应万明正在参加"挑战杯"公益创业赛，"希望能够到全国的舞台上展示我们的作品，让更多人注意到我们暖寻失物招领平台。"

在"暖寻"创业过程中，应万明经常被一些人和事"暖"到。有一个外地的学生，过年放假回家前弄丢了身份证。这位同学在平台上发布了寻物启事，"我们发现了这个帖子，在各大平台进行扩散，后来在很多人的帮助下他找回了身份证，解了燃眉之急。"还有一位学生丢失了学生卡，信息被发布到"暖寻"平台后不久，卡就被成功寻回。那位同学只说了一句"你们的平台很实用"，给了应万明等人很大的鼓励。

类似的事情有很多，应万明和团队小伙伴经常能接到失主表达感谢的电话，电话那头一句简单的"谢谢你们"，就让应万明愈发觉得坚持"暖寻"的意义所在。

"暖寻"教会应万明的不仅是如何做好一件事，更让他明白了"坚持"的重要性。刚上大学时，应万明迷茫、找不到努力的方向。在一次创新创业讲座上，他了解到俞敏洪和马云的故事，之后看完了俞敏洪和马云的所有演讲视频，接下来从日常学习和参加创新创业竞赛锻炼自己。他放弃了周末的休息，每天穿梭在宿舍、图书馆、活动现场，不知疲倦，"陪伴我最多的就是凌晨两点办公室的灯光和清晨6点学校的朝阳"。

这种"坚持"的精神，一直在创业团队中传递着。"吴胜斌学长在校时做事就十分踏实认真，他经常告诉我们创业刚起步，要静下心来，坚持做好产品和用户基础，坚持不断学习提升自我。"应万明觉得，"暖寻"的发展更离不开学长们的坚持付出，这也是团队强大凝聚力的源泉。

吴胜斌大四忙于毕业实习时，应万明带着小伙伴们主动接下了一些"硬活儿"，跑业务、忙开发、参加比赛，面对剧增的工作量，应万明等人从未抱怨，他们觉得这是"职责所在"。

"因为面临毕业，团队人员会出现变更，但坚持和不服输的精神将一直存在。"目前，应万明虽然忙于毕业设计，但每周依然会找时间带着小伙伴一起"战斗"。此外，他一有空就和创业的学弟学妹们交流，让更多想创业的学生了解"暖寻"，并且尽力传授经验和诀窍，鼓励学弟学妹们参加创业竞赛，从每一个产品方案入手，分析可行性和利弊，帮助他们成长。

"感到疲惫的时候，我就会想一想自己当初为什么选择坚持。吴胜斌学长他们在读书时自学平台开发，如今毕业有了稳定的工作，晚上还经常熬夜开发、完善'暖寻'。"应万明说，大家现在充满干劲儿，明确了自己的发展目标，希望更多平台能够接入"暖寻"，服务更多人，给他们带来找回失物的"温暖"。

大学生公益创业传梯带

### 编程"小白"创办失物招领平台

陈佳璐 中国青年报·中青在线见习记者 王海涵 记者 王磊 来源：中国青年报（2018年06月12日 12版）

5月25日，"小白公益"团队的"暖寻"，从全国300多所高校的1万余名学生报名参赛者中脱颖而出，获得2018阿里云校园公益极客挑战赛决赛冠军。

怀揣着"寻一份失物，暖一片人心"的公益理念，2015年，安徽工业大学在校生吴胜斌、应万明、熊刘华、李涛创建了"暖寻"——个为大众服务的在线失物招领平台。该平台依托支付宝小程序，致力于提供方便、快捷的寻物启事发布及失物招领服务。

"当失主们对我们说一声'谢谢'，当我们的平台被更多人知道并夸赞的时候，我都感觉坚持将这个平台做得真的很值得。"吴胜斌说。

"我当时丢了一辆自行车，想找回来但无从下手。"2014年，吴胜斌碰到了大学生中很常见的难题。就在他一筹莫展时，一位同学告诉他，学校有一个失物招领的QQ群，建议他那里去问问。满怀希望的吴胜斌在那个QQ群里发出寻车信息后却石沉大海，没有回应。

不久后，吴胜斌看到一条微博，"全国的车站和失物招领中心积累了很多失主丢失的身份证、银行卡、钥匙等物品，但无人前来认领，总计数量达几百万。那条微博很多人转发，但没有人提出具体的解决办法。"吴胜斌想起自己丢自行车的经历，下决心创建一个公益失物招领平台，在茫茫人海中"连接"失主和失物。

说干就干，2015年，"暖寻"团队正式组建。吴胜斌、熊刘华负责平台开发，李涛负责平台运营，应万明负责品牌推广。

"我大二时在计算机设计大赛上遇到吴胜斌学长，他讲起创建在线失物招领平台的想法，我觉得很有意思。"应万明说，加入团队后，发现平台开发并没有想象中那么简单，技术问题是最大障碍，"我们都学机械专业，在编程方面相当于一群'小白'，什么也不懂。"

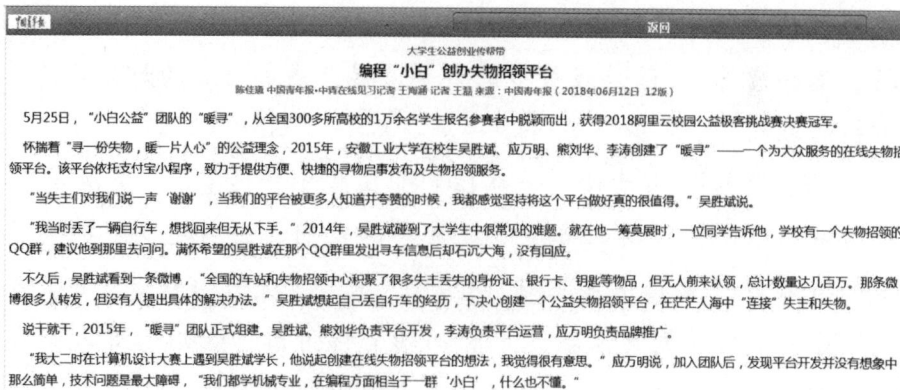

图 4.4-3　http：//mzqb. cyol. com/html/2018-06/12/content_ 251628. htm？from＝singlemessa

## （四）真知网采写新闻被凤凰网转载

凤凰網 教育
edu.ifeng.com　凤凰网教育 ＞ 高校公告栏 ＞ 正文

### 母校，离开方觉你的好

2012年03月30日 13:20
来源：安徽大学

3人参与　2条评论　打印　转发　字号:T|T

"母校是什么？就是你每天骂一千遍也不许别人说她一句的地方"，**华中科技大学**校长李培根的一席话，说出了毕业们的心声。

"虽然当时总抱怨学校这不好，那不好，但毕业之后才越发感觉到母校的好。"正在人大攻读法律硕士的邵成龙说。在邵成龙看来，学校为学生提供了不少资源，以考研为例，学校提供了众多的自习室，并且在晚上11点之后才关门，这是其他学校不能保证的。"安大做事的风格比较低调，一心谋求发展，默默为大家服务。"邵成龙说。

06级**新闻学**专业的张玉学在《江淮晨报》工作两年零四个月后，加盟了《新京报》。刚来北京12天的张玉学，在合肥工作的时候，偶尔还是会回到学校里看看。"学校留给我的印象是很积极进取的，比较有朝气，对谁都不愿服输，而且大家也都很活跃，这对我的成长有很大帮助。"他说。

图 4.4-4　报道页面

# 附　　件

附件1　2018年度安徽十佳校媒

荣誉证书

CERTIFICATE AUTHORIZATION

2020年度新闻扶持计划

2020年度百强校媒

全国优秀高校媒体

学校 安徽大学　　媒体名称 真知创新中心

中国青年报　　中青校媒

附件2　中青优秀校媒证书

# 荣誉证书
## CERTIFICATION OF HONOR

第四届安徽高校精英汇
寻找十佳校园媒体活动

所属校媒：安徽大学真知创新中心
荣获2020年度中青校媒（安徽）

# 十佳校媒

特发此证，以资鼓励。

It has been awarded the top 10 campus media,so as to encourage it.

中国青年报　中青校媒

中国青年报·安徽记者站
中青校媒（安徽）
2020年12月19日

附件3　2020年度安徽十佳校媒

青年眼中的茶文化

# 荣 誉 证 书

Certificates

安徽大学真知创新中心

在2021年中国青年报·中青校媒"青年眼中的茶文化"全媒体传播系列活动中积极参与，组织发动同学，同时贡献大量优质作品，荣获"优秀组织奖"。

特发此证，以资鼓励。

中国青年报社

中国青年报    中青校媒

中青校媒
秘书处

2021年6月

附件4    优秀组织奖

# 后　记

　　为了该书顺利出版，这两年真知团队通过查找历史资料、联系老成员等方式收集相关资料，但由于历史原因许多资料没能完整保存下来，因而很遗憾有许多精彩的片段无法展现给读者朋友们。尽管如此，经过真知团队的汇总整理和编辑校对，还是尽最大的可能将真知的发展完整地记录下来。该书定稿，感谢做出努力的本科生和研究生们，感谢研究生李婷、周景和史文婷同学对该书内容的编撰以及对成书过程的整体把控，感谢本科生杨玉洁、辜紫怡、林芙帆、潘邻安、杨铭、邓希希、张恒、张明婧、江浪、郑德阳、海兰馨、程晓雅、李珍珍、卫楚月、马成玲同学，以及历届研究生团队的张莉玥、陈诺、成方骏宇、李静、晁圣林、邹君然、郭大燕、秦茜、王海涵、刘逸群、夏冬月、张晴、江凡、袁晶晶、孙雨彤同学，对该书相关资料的收集和编校。真知发展至今，所有的成绩都是成员们一点一滴的付出和努力才获得的，感谢所有的真知人！感谢真知棒们！由于时间紧，书中难免有错误和遗漏之处，还请读者指正。

**真知创始人及指导老师　岳　山**

2021 年 6 月 15 日写于安徽大学磬苑校区

**图书在版编目（CIP）数据**

真知卓践:安徽大学（国家级）实验教学示范中心成果汇编/吕萌主编．—合肥:合肥工业大学出版社,2019.9

ISBN 978 - 7 - 5650 - 4650 - 6

Ⅰ.①真…　Ⅱ.①吕…　Ⅲ.①高等学校—实验教学法—教学中心—成果—汇编　Ⅳ.①G642.423

中国版本图书馆 CIP 数据核字（2019）第 198792 号

## 真 知 卓 践

—— 安徽大学（国家级）实验教学示范中心成果汇编

吕　萌　主编　　　　　　　责任编辑　朱移山

| | | | |
|---|---|---|---|
| 出　版 | 合肥工业大学出版社 | 版　次 | 2019 年 9 月第 1 版 |
| 地　址 | 合肥市屯溪路 193 号 | 印　次 | 2021 年 11 月第 1 次印刷 |
| 邮　编 | 230009 | 开　本 | 710 毫米×1010 毫米　1/16 |
| 电　话 | 人文编辑部：0551 - 62903310 | 印　张 | 7.75 |
| | 市场营销部：0551 - 62903198 | 字　数 | 105 千字 |
| 网　址 | www.hfutpress.com.cn | 印　刷 | 安徽联众印刷有限公司 |
| E-mail | hfutpress@163.com | 发　行 | 全国新华书店 |

ISBN 978 - 7 - 5650 - 4650 - 6　　　　　　　　定价：39.00 元

如果有影响阅读的印装质量问题,请与出版社市场营销部联系调换。